不安を自信に変える授業

クリステン・ウルマー
高崎拓哉 訳

The Art of Fear

Discover
ディスカヴァー

不安を自信に変える授業

THE ART OF FEAR

Published by arrangement with Harper Wave, an imprint of HarperCollins Publishers
through Japan UNI Agency, Inc., Tokyo

はじめに――なぜ不安を乗り越えてはいけないのか

Episode

私は一晩で有名人になりました。

事の始まりはこうでした。極寒の1月、私はおんぼろの車でソルトレイクシティからカリフォルニアへと向かっていました。タイヤはすり減り、車のヒーターは効かず、ラジオも鳴らないようなおんぼろの車です。それでも私は滅入ることなく、車を時速130キロで飛ばしながら頭の中の音楽に合わせて体を揺らし、自分がスキー映画の撮影に向かっていることに胸を躍らせていました。

このとき私は、有名なスキー映画製作者であるエリック・パールマンをなんとか説得し、最新作に出演させてもらえることになっていたのです。当時私は、地元の大会で7位に入る、エアが（一応）得意なモーグル選手でした。とはいえ、大会に出場した女子選手は7人だけ（つまり最下位）。そのことには触れずにダメ元で売り込んだところ、エリックにOKしてもらえたのです。だまされやすい人だな、と私は密かにほくそ笑みました。

午前4時、スコーバレーのスキー場に到着しました。駐車場でエンジンを切り、リクライニングの効かない傾いたシートにもたれ、一眠りしようとした3時間後、窓を叩く音で目が覚めました。

目を開けると、そこにはゴアテックスの色鮮やかなウェアに身を包んだ男子プロスキーヤーたちが立っていました。スキー雑誌で見たことのある顔、顔、顔。みな、すでにスキーを担いで出発しようとしています。「クリステンだね」と1人が声をかけてきました。私は慌てて車を飛び出しました。

車の中は寒すぎてほとんど眠れませんでした。けれど、冷たいブーツを履き、スキーとストック、それに栄養バーをひっつかんで、大急ぎでスーパースターたちと一緒にリフトに乗り込むと、すっかり目が覚めてしまっていました。

午前7時過ぎという早朝にもかかわらず、スキー場はもうすでに稼働していました。一般のスキー客があらわれる前に私たちが山に登って撮影を始められるようにと、午前7時15分から少しのあいだだけリフトを動かしてくれていたのです。山頂に向かう途中、スーパースターたちは20センチの新雪について興奮気味に話していました。私はただ黙って座っていました。宙ぶらりんの私の足元には、柔らかく誘うような、降り積もったばかりの雪が見えました。

リフトを二つ乗り継いだあと、みんなは「パリセード」と呼ばれる断崖まで歩いて登り、私もそのうしろからついて行きました。

頂上に着くと、全員が押し黙りました。そこには、雪に覆われた120メートルほどの高原が広がり、その端は切り立った崖になっていたのです。スキーヤーたちはカメラマンに計画を伝えながら、どこから跳ぶかで揉めているようでした。映画用のカメラマンは崖下の着地点で16ミリフィルムのカメラを構え、頂上付近では写真用のカメラマンが私たちのそばでシャッターチャンスをうかがっていました。

その後、スキーヤーは1人、また1人と崖からジャンプしていき、2人のカメラマンの前でバックスクラッチャーを決めていきました。バックスクラッチャーは、スキーヤーが空中で体を反らせ、スキーの後端を背中につける技。当時流行っていました。

作品に出たければ、崖から飛び降りてバックスクラッチャーを決めなければなりません。ところが当時の私にはジャンプの経験が一度もなく、バックスクラッチャーを自分で決めたことも、他人が決めるのを見たことすらありませんでした。

私は崖のふちを見渡し、「ボックス」と呼ばれる一番落差の大きい場所を選びました。高さは約6メートル。2人のカメラマンにプランを伝え、スキーを履き、スピードを出すためにうしろに下がりました。そして誰も聞き逃しようがない大声で、スーパースターたちと同じように叫びました。「3、2、1、ゴー！」

私は大地を蹴って滑り出しました。

気づいたでしょうか。この話に、「不安」という言葉は一度も出てきません。

一度も崖から跳んだことのない人間にとって、6メートルはとてつもない高さです。しかもこれは何十年も前の話。スキーはいまのような扱いやすい太いものではなく、不安になるような細長い板でした。そのうえ、憧れのスキーヤーたちに見守られ、2人のプロカメラマンが高価な機材の照準を私に合わせていました。おまけに、挑戦しようとしているのはイメージもできず、練習もしていない、一度も試したことがない大技です。普通なら、「失敗したらどうしよう」という不安を抱くところではないでしょうか。

しかし、あいにくそういった感情は湧き起こりませんでした。私はあの日、一度も不安を感じなかったのです。

その日を境に私は有名になり、自分の天職を見つけたと思いました。**しかしそれと同時に、人間を一生苦しめる人類共通の病理、つまり「不安感情の抑圧」も積極的に行うようになりました。**私はその後15年間にわたって不安感情を完全に抑え込み、そのことでスキーメディアから称賛され、スポンサーがつき、世界中のスキーリゾートで人々の話題に上るようになりました。一方そのせいで私の心は崩壊し、一時は死を目前にしました。

生き延びることができたのは、ただ運が良かったからでした。

「不安」に関する知識はすべて間違い

きっとあなたは疑問に思ったことでしょう。なぜ私は、「不安」という名の、複雑かつ壮大なテーマについて本を書こうと思ったのか。

それは、**私の人生が「不安」そのものだったから**です。

6歳のとき、普通の人よりも決意固く、意識的に「不安」を無視しようと決めたことからそれは始まります。次に、ワールドクラスのエクストリームスキーヤーとして15年間、「不安」を追いかけました。具体的には、パリセードの断崖からの人生初のジャンプをきっかけに、世界最高の女子エクストリームスキーヤーと認められるようになり、その評価を12年間維持しました。またアウトドア業界では、北米で最も怖れ知らずの女子エクストリームスポーツ選手として名を馳せました。

そして最後に、私はファシリテーターとして過去15年間、自分の人生やアスリートとしてのキャリアはもちろん、相談者の人生に「不安」が果たした役割を、マニアのように探ってきました。何千時間もかけてクライアントとともに「不安」の本質を探り、不安感情を「実体化」してきました。

その結果、私は「不安」の生き証人になり、いまでは「不安」のメッセージを伝えることが自分の使命だと考えています。つまり**本書は私の個人的な哲学ではなく、「不安」そのものから生まれたもの、私が何度も繰り返した「不安」との親密な対話を翻訳したものなのです。**

とはいえ、それは「不安」の言葉でありながら、私自身があなたに伝えたいことでもあります。

人類は、長い歴史を経て、ようやく「不安」のメッセージを聞く準備が整ったと、私は思っています。誰もが共感や愛、世界平和を切望し、それらに手が届かずにいるいま、私たち人類は変化を受け入れ、個人や集団が進化の次の段階に進むことが必要です。

そのためにこそ、私たちを不自由にする「不安から目をそらす習慣」から脱却することが求められています。

この習慣から抜け出さない限り、私たちはなすすべもなく「不安」に押しつぶされ、苦しみ続けるだけです。焼けるような苦しみを味わいながら、恋に落ちることもできず、誰かに共感することもできません。

「不安」との関係は、つまるところ自分自身との関係であり、人生で最も重要なものです。

「不安」は人格の根幹をなしていて、「不安」なしでは自分は成り立ちません。「不安」とのいつわりのない関係を築くことができて初めて、自分自身といつわりのない関係を築くことができ、他者や世の中ともいい関係を築くことができる。

だからこそ私たちは、「不安」との関係の改善にいますぐ取りかかるべきなのです。これが、私からあなたに伝えたいことです。

この本には、何ページにもわたる脳科学の知見や、頭がくらくらするようなエセ科学の話は出てきません。感情的な問題は感情的に解決すべきだからです。

これはあとで詳しく解説しますが、「不安」を知的に解明しようとすればするほど、問題はむしろ「悪化」します。知的な欲求に従って頭だけで理解しようとすると、「不安」がもたらしてくれる体験は薄まってかき消されてしまいます。「不安」を理解したり、合理的に説明しようとしたりするのではなく、「不安」とは何かをしばらくのあいだ、問わずにおくこと。やれることに集中し、「不安」をわがものと感じ、体験することが必要です。

これまで「不安」について聞いたことや教わったことはすべて忘れてください。この感情についてあなたがこれまで抱いてきた誤解を見直してください。不安感情は邪魔なものだという古い固定観念を捨ててください。そうではなく、「不安」は人生の財産であり協力者であり、一生のうちに経験するなかで最もすばらしい体験の一つだと思えるようになること。そうした未知の領域に足を踏み入れることをいとわなければ、あなたの人生には大きな変化が生まれ、新しい見方を手に入れることができるでしょう。
そうしていつしか、あなたを動けなくしているものが消えてなくなっていることに気づくはずです。

人生を変える「不安との向き合い方」

具体的な例を挙げましょう。ジャケッタは、55歳の独身女性。太り気味で、ひどい髪型をした無類のネコ好き。あまり将来性のない仕事をしています。スキーが好きで大得意です。ある年の11月、彼女は私が主宰するスキーキャンプに申し込んできました。そこで私が教えているのは、単なるスキーの技術というより人生と向き合う方法です。山あり谷ありの人生で経験するさまざまなすばらしいこと、不安なことと向き合う方法を教えます、と告知していました。

1月のキャンプまで時間があったので、先に電話相談を行いました。そこでジャケッタは、30年前に「境界性パーソナリティー障害」と診断され、以来、その病気を力なく受け入れてきたことを話してくれました。

病気のせいで、ひどい思いをしてきたこと。長くうつ病に苦しみ、診断を受けたあとの10年間は肌のきれいな部分より傷ついた部分のほうが多くなるまで自傷を繰り返したこと。自殺未遂も3度に及んだと言います。電話の向こうのジャケッタは、友だちのほとんどから嫌われ、かろうじていまの仕事にしがみついているという自らの状況にすら怯えていました。

深刻な不安、自己嫌悪、パニック発作。ありとあらゆるトラブルを抱えていました。身体的、精神的、感情的な人間の苦しみをすべて味わっていました。

電話相談では、私がいつも新しい相談者に対してするように、彼女自身の不安感情との関係を探っていきました。

私に助けを求めてくる人は、みな二つのことを期待しています。原因の究明と、解決策の提示です。そして原因は、たいてい不安感情との無意識の関係を探ることで突き止められます。私はそれを15年かけて学びました。原因を突き止められれば解決は簡単。喉が渇いたら水を飲めばいいのと同じくらい明白なのです。

原因を探るにあたっては、のちほど説明する〈シフト〉というツールを使います。そして私の予想した通り、ジャケッタは大多数の人と同じように、不安感情に立ち向かい、不安感情を抑えようとして生きてきたことがわかりました。

人生を脅かす手に負えない感情をひたすら抑えようと、ジャケッタは薬物治療を除くありとあらゆる治療を受けてきました。しかし、すべての症状、そして不安は時間が経つにつれて悪化する一方でした。スキーシーズンが終わったら、ジャケッタは自殺するつもりでいました。

私は、〈シフト〉を通じてジャケッタと対話し、いままでの努力のすべてが完全に間違っていたこと、「不安」は抑え込もうとすればもっと大きな力で反撃してくることを理解してもらえるよう、必死に対話を重ねました。

そのとき、ジャケッタは納得してくれたようでした。アプローチを１８０度転換し、人生で初めて、不安感情に少しだけ向き合ってみると言ってくれたのです。身体に走る不快な感覚を自らが何度も味わう理由そのものに興味を持つと同時に、「不安」は単純な感情であり、不快感は本人のためを思って起こる警告なのだと理解したようでした。**問題は不安感情そのものではなく、不安感情への自らの反応であり、それこそが「不安」の発するメッセージを聴きとりづらくしている。**ジャケッタはそう気づきました。

電話相談の最後に、私はジャケッタに5分間の呼吸法を教えました。いわば「不安」を吸い込み、「不安」という感情にまつわる過去の体験も吸い込みつつ、かわりに、それらを少しでも追い払おうとする自らの願望を吐き出すのだ、と。

ジャケッタは電話を切ったあと、ぼうっとなってその場に座り込んだといいます。なぜなら彼女は、小さいころからずっと、その真逆のことを行ってきたからです。「安心」を吸い、「不安」を吐き出そうとしてきました。ところが、今回その正反対のエクササイズをやったところ、驚いたことにポジティブな効果を得られたのです。ジャケッタは生まれて初めて自由を感じ、心の底から安らぐのを感じました。内なる自分との闘いが、その瞬間終結したのです。

その後6カ月間、私たちは毎週1時間の電話相談を続けました。理解はできても、完全には変わりきれていなかったジャケッタは毎週キャンセルしようとしました。いまさらやり方は変えられない、引き返せないほど遠くに来てしまったんだから、と。自らの不安感情に対して興味を持ち、抑えこまないようにするには完全に遅すぎたんだわ、と苦悶の声で訴えました。

それでも、辛抱に辛抱を重ね、24回の劇的な電話相談を経て、ジャケッタはすっかり生まれ変わりました。うつは治り、自殺する気も起きなくなりました。彼女の古い親友の1人が「友だちを取り戻してくれてありがとう」と泣きながら電話をかけてきました。

*

これはかなり極端な例であることは認めます。ですが、**不安感情と友好的に向き合うことで、人生を変える何かが得られるのは確かです。**私のもとを訪れる相談者の大多数は、不安を和らげたいとか、クリアな頭で難しい決断を下したいとか、人間関係を改善したい、生きている実感を味わいたい、などという願望を伝えてきます。私は彼らに、自分を縛っている無意識の習慣を変えるためには、何年も治療に耐えて多額の費用を払う必要はなく、**いままでと正反対のことをやる意思を持つだけでいい**のだと説明します。

本書では、私自身の個人的な体験を折に触れて紹介していきますが、それを読んでいただくと、私が不安感情と常にいい関係を築けてきたわけではなく、昔はあなたと同じように不安を無視し、抑えていた側のひとりであったことがわかるでしょう。そのせいで私は、人生と健康、幸せを危うく失うところでした。これから本書でお話しすることをほかならぬ自分自身がもっと早く気づけていたらと、いまでも思わずにはいられません。そうすれば、深い苦しみの数々を味わうことなく、いまもまだスキーを続けていられたかもしれないからです。

地獄を目にした私が望むのは、深い雪に覆われた山を登る人たちが、私の切り開いた道を使って同じ山をもっと簡単に登れるようになることです。

最初の3章では、あなたが不安感情にどう反応し、それがいかに自分自身を傷つけているかをまず、確かめてください。そのうえで次は、あなたと不安との関係を探ります。不安はどこから生じているのか、なぜ、どのようにあなたの行動を制限しているのか。そうしたことを明らかにしつつ、不安との関係を変えるのがなぜこれほど困難なのか、そして、不安感情を抑圧しようとする習慣から解放されるためにはどうすればいいのかを理解してください。

それさえできれば、「不安」はあなたの人生における最も重要で、すばらしい経験に変わるでしょう。

「不安」から自由になるために必要なこと

それでは、簡単な質問から、不安感情との関係を探る旅を始めましょう。

あなたは、次のうちどちらが正しいと感じるでしょうか。

① 不安を感じるのは自分がひどく弱いからだ。この性格を直さなければならない。
② 不安を感じるのは、生きとし生けるものすべてがそうであるように、人生を生きているなかで生じる、自然で普遍的な感覚を体験しているからだ。

もちろん、2番目が正しいことは頭ではわかるはずです。不安とは呼吸や心臓の鼓動と同じように、人が生まれながらに持っている感覚です。不安によって不快感が生じるのは自然の摂理であり、人は人生のあらゆる段階でこの不快感を抱きます。

ではなぜ、次のような言葉がよく聞かれるのでしょうか。

「不安は乗り越え、克服しなければならない」

「不安を押しのけろ。忘れ去れ」

「不安に足を取られるな」

「不安に負けるな」

これぞ、不安感情について日々実際に言われていることです。ほとんどの人が、不安は立ち向かわなければならない障害だと考えています。もう少し進んだ考えをする人たちも、不安を感じるのは自然なことであり、許容すべきことだと言いつつ、最終的にはやはり不安に立ち向かうことも必要だと結論づけます。誰もが、不安に対する世界的なネガティブキャンペーンを張っているかのようです。

それにあわせて、不安に立ち向かうことを手助けするという専門家が次々にあらわれるようになりました。その多くは、「不安の問題」に対処する方法を教えようとするものです。知性を使って不安を出し抜き、論理的に考え、不安を追い払おうとします。

相手が飛行機に乗るのが怖い人なら、飛行機事故に関する統計データを集めて「道路を横断するほうが死ぬ確率が高い」というデータを示す。空中ブランコをやってみようと思っている人には「不安に思うことは何もない。安全ベルトと命綱があるではないか」と請け合う。人前で話すのが不安な人には、人前で話したこれまでの経験を思い出させて、みんな楽しんでいたじゃないかと言い聞かせる。

そのあとは深呼吸です。「楽しいことを考えましょう」、あるいは「瞑想を通じて不安から抜け出し、安らぎに至りましょう」。この方法はうまくいくように思えます。不安感情はほんの一瞬だけ鎮まります。

しかし、不安を完全に追い払い、「厄介な」感情から永久に解放されるという目標には、決して届くことはありません。

前向きなのは確かに立派です。しかし、こうしたやり方は自然の摂理を出し抜こうとしているようなもの。あなたは、自分が自然の摂理より賢い存在だと思うでしょうか？

おそらく、答えはノーなのではないでしょうか。

私としては、**不安はきわめて自然な感情であるという、2番目の選択肢を全面的に認めるほうをおすすめします**。不安は、愛や悲しみ、喜びと同じようにただ感じるものです。それがすべてです。そのとき身体は固まることなく、不安は自然で正常なものだと心から「感じられる」。これは、すばらしいことだと思いませんか。

約束しますが、これはあなたが思っているよりも簡単なことです。簡単だけれど、行動に移せる人は限られています。しかしそれができれば、あなたの人生もまわりの環境も、根本的に変わります。

ストレスの正体は不安です。そこから自由になりたければ、不安を認め、人生に生き甲斐をもたらす、前向きですばらしい根源的な感情として、不安を受け入れる方法を習得するのです。

私はその朝、3回ジャンプしてすべて着地に成功しました。淡々とビジネスライクにこなし、一度も転倒せず毎回きれいに滑り降りました。2時間後、撮影が終わり、スキーを楽しむ家族でゲレンデがいっぱいになるころには、スーパースターたちの集団は騒然となっていました。どうやら、あんなふうに宙を舞い、しかもバックスクラッチャーを決めた女（あるいはそれに少しでも近い技を成功させた女）は、当時は私1人だったようです。

私の名は、夕方までにはスキー場にいる全員に、そして1週間のうちにスキー業界全体に知れ渡りました。1カ月もしないうちにスポンサーから全面支援の申し出があり、アメリカの四大スキー誌すべてから電話インタビューの申し込みが来ました。

一流スキーヤーですらなかった私にとっては、これは異様な状況でした。しかし、そんなことはどうでもよかった。「よくやった！」と声をかけられるたびに私の自尊心は膨れあがり、私の運命は否応なく決定づけられました。

そのときの私が持ち合わせていたのは、エクストリームスキープレーヤーとしての才能というよりは、たまたま転がり込んだチャンスと、こういうことに向いた性格と、そして不安とのねじれた関係だけだったのです。

目次

はじめに――なぜ不安を乗り越えてはいけないのか 003
「不安」に関する知識はすべて間違い／人生を変える「不安との向き合い方」／「不安」から自由になるために必要なこと

Part.1 問題を明らかにする

第1章 思考に支配される私たち 027
人は1万人の社員からなる会社／不安の出どころは〈トカゲ脳〉／頭で考えるとはどういうことか／思考が人を規定する／思考に頼ることがなぜ問題か

第2章 不安の正体を知る 043
不安とは何か／最大の不安は「拒絶されること」／不安が生む不快感／思考はコントロールできない／人はなぜ感情を抑圧するのか／Column 感情を抑えている人の特徴／感情を抑圧することはできない／不安がつきものの人生を受け入れる／全力で不安を追い出すという過ち

第3章 なぜ不安から逃げてはいけないか 077

あらゆる問題には不安が関係している／ネガティブな感情を抑え込むとどうなるか／怒りと不安はよく似ている／人が不安に支配されやすい理由／不安を押さえつけているサイン／抑圧した不安のあらわれ方／Column 意志とは何か／Column 人間には感情が欠かせない／人生の苦しさを軽減するには／問題は不安ではなくあなた自身／危機感があれば人は変われる

Part.2 古い考え方を捨てる

第4章 あなたの変化を阻むものの正体 163

無意識の問題は頭では解決できない／あなたを不自由にする「ストーリー」／「いつわりの自分」に囚われてはいけない／新しい習慣を作るために必要なこと／私たちはみなエゴに囚われて生きている／いつの間にか作り出された「自分」

第5章 変わるために必要なこと 183

なぜあなたは変われないのか／人がアドバイスに耳を傾ける瞬間

Part.3 シフト――不安を自信に変える技術

第6章 新しい考え方を手に入れるには 195

不安を感じる勇気／不安と向き合うときに大切なこと／やってはいけないこと／思考から距離を置くには／コントロールできることに集中する

第7章 身体の〝声〟に耳を傾ける 213

最初に「5つの質問」を問いかけよう／感情が発するメッセージに耳を傾ける／シフト――不安を自信に変える技術／身体の〝声〟を聴く練習／「考える」から「感じる」へのシフト

第8章 不安の〝声〟に耳を傾ける 231

人生の暗がりに光を当てる「シャドーワーク」／自分の内面に問いかける質問リスト／不安を体験する5分間／本当の自分になる方法

Part.4 不安とともに生きる

第9章 不安を尊重する 247
不安への「抵抗」をなくす／言葉を変える練習／人生を最高に輝かせる「四つの知性」／不安を尊重すると強くなれる／Column 不安があればいい親になれる

第10章 不安は究極のモチベーター 269
不安は最高のモチベーション／行動を起こすタイミング／モチベーションは変わり続ける／本当の人生を求めて、不安の海に飛び込もう／自分以外の誰かの不安を感じる／Column ひとりだけの問題ではない／不安は人を創造的にする

第11章 怒りを自信に変える 289
自信はリスクから生まれる／怒りを力に変える練習

第12章 最高の人生を手に入れるには 297
あなたの人生に意義と目的を与える「フロー」／人は何度でも無意識に囚われてしまう／あなたがなりうる最高の自分になる

おわりに――100年後の私たちのために 310

本書に記載されている情報および見解は、著者の体験に基づくものであり、情報源として使われることのみを意図しています。そのため、本書の手法は実際に効果のあるものですが、読者のみなさまはご自身の担当医もしくは専門のアドバイザーにご相談のうえ、具体的な疾病および問題、特に不安とその役割に関する問題に対処するよう、お願いいたします。著者および出版社は、本書の情報または見解を使用、応用した結果、生じた負傷や損害、損失について、一切の責任を負わないものとします。本文内に登場する人名および人物を特定しうる特徴は、プライバシー保護のため変更しています。

Part.1
問題を明らかにする

第1章
思考に支配される私たち

人は1万人の社員からなる会社

自分は何者か？　どういった存在か？

あなたは、こんな根本的な疑問を抱いた経験があるでしょうか。あったとしても、そこまで深くは考えなかったかもしれません。しかし、これは人生を左右する重要な問いかけなのです。

この大命題に対する答えとして、私は本書でこんなシンプルな考え方を採用しています。

「人間は、1万人の社員からなる会社である」

この会社にはもちろん社名があります。私の場合は「クリステン」。要は本名です。しかし、「アップル」や「ホンダ」といった企業名と同じで、人という会社の名前もあるブランド名にすぎず、それ自体に中身はありません。会社の実体は、働いている社員の活動とその役割にあります。そして、人間という会社には1万人もの社員がいます。

では、社員1万人の大企業で、自分の職種や仕事内容、上下関係、果ては作っている商品を誰ひとり把握していなかったとしたら、会社はうまくまわっていくでしょうか。

もちろん、うまくいくわけがありません。

ところが、それが人間という会社の実態なのです。**人間は、スムーズな運営のできない組織構造のめちゃくちゃな企業で、実質的には、ほんの5人ほどの社員がヘトヘトになりながら会社を動かしています。**残った大多数の社員のうち、半分はこの5人によって窓際へ追いやられるか、不当に酷使されています。だからその半分は、ずっと前から怒りを胸に秘め、密かに反乱を企てています。そのうえ誰が社長かはっきりせず、人事は完全に統率力を失っています。何より、会社が何を作っているかを誰も気にしていません。

これでは成功するはずがありません。しかし、ほとんどの「会社」がこの有り様なのです。〈不安〉も会社の社員で、本質的には1万人のなかの1人にすぎません。その一方で、会社の古株でもある〈不安〉はしばしば反乱派のリーダーとなり、ことあるごとに騒ぎを起こすのです。

不安の出どころは〈トカゲ脳〉

ニワトリはどうして道を横切ったのか。「トカゲ脳」にそう言われたからだ。

――セス・ゴーディン

単細胞のアメーバは、火にさらされると、生き延びるために火から遠ざかろうとします。アメーバには手足や脊柱はおろか、自分の存在を自覚するための神経すらありません。にもかかわらず、生き残るすべを知っています。

これが不安感情、つまり「安全か安全でないか」を判断するメカニズムの起源です。生きとし生けるものが存続し、進化し、繁栄している背景には、こうした「身体が持つ知性」とも言うべき機能があります。

それからしばらくあとの約5億年前、扁桃体と呼ばれる脳の部位を持つ魚類があらわれ始めました。そして200〜300万年前に人類が登場し、扁桃体は人類を支配するようになりました。マーケティングの達人セス・ゴーディンにならって、ここではこの扁桃体を〈トカゲ脳〉と呼ぶことにします。

〈トカゲ脳〉は右脳と左脳に一つずつあり、アーモンドのような大きさと形をしています。脊髄の最上部という脳の一番奥深くに位置し、200〜300万年前に形成された外側の巨大な大脳新皮質に比べると大きさはかわいいものですが、圧倒的な影響力を持っています。それも当然で、原初のアメーバから魚類、爬虫類、石器時代の原始人、現代の私たちにいたるまで、生物の生存と進化を左右してきたのはこの部位なのです。**〈トカゲ脳〉がなければ、人類は現在まで存続していなかったはずです。**

〈トカゲ脳〉は、生存を脅かしうるあらゆるリスクに目を光らせています。重大な脅威と些細な不都合を区別できないため、〈トカゲ脳〉からすれば人生は重大な生命の危機の連続です。

仕事の面接は公開処刑のように思え、同僚の何気ない一言は死刑宣告に聞こえ、失恋は崖からの転落に感じられます。〈トカゲ脳〉は本人が人前で恥をかいたときのことを覚えていて、二度とばかな真似はするな、さもないと死ぬぞと警告してきます。

ほかの社員から何か提案があると、この〈トカゲ脳〉が即座に却下します。提案に従えばなんらかの変化が生じ、〈トカゲ脳〉が築きあげてきた安全な環境が脅かされるからです。そして、〈トカゲ脳〉は間違っていません。何しろあなたはまだ生きているのですから。

〈トカゲ脳〉はリスクや新しいものが大嫌いです。そんなことはするな。気をつけろ。こいつを信用するな。あの人と別れるな。その事業は始めるな。座ったまま黙っていろ。誰かに仕事を取られたくなければ休憩なんか取るな。いつなんどきも火からは遠ざかれ。〈トカゲ脳〉にとっては、あらゆるものが火なのです。

〈トカゲ脳〉が騒ぎだすと、人は極端な行動に走ります。なんでもかんでも深刻に受けとめる。攻撃的になる。すべてを他人のせいにする。自分の非を決して認めようとしない。問題を先延ばしにする。言い訳をする。細かいことをくよくよ気にして必死に解決策を探す。周囲に馴染もうとイヤな人間にもいい顔をする。

これらはすべて〈トカゲ脳〉をなだめるための対応です。ところが多くの人は、こうした対応がごく当たり前に行われていることに気づいてさえいません。なぜなら、〈トカゲ脳〉の言葉は最上階の社長室からではなく、社内のダクトから噴き出してあらゆる部署に届くからです。

否定したい気持ちはわかります。何しろ本を読むような人というのは、〈トカゲ脳〉が支配する動物的な反応よりも、それを超えたレベルの高い何かに関心を持っていることがほとんどだからです。たとえば大脳新皮質。大脳新皮質は新しく、まだ成長の余地を秘めていて、しかも高等生物にしかありません。知性や理性、想像力、創造性、高次の意識などを司っていて、生存よりも人としての幸せに関係しています。「扁桃体なんかに負けるか」「恐竜はもういないんだ」「自分は魚じゃない」。たくさんの人がそんなふうに自分に言い聞かせ、大脳新皮質という新しく、魅力的な部位を知ることで、本当の自分や理想の自分にたどり着けると考えます。

ところがどっこい、〈トカゲ脳〉も簡単には引き下がりません。

深呼吸を3回して、意志の力で〈トカゲ脳〉を追い出し、もっと「精神的な」存在になろうとしても、勝てっこありません。何しろ相手は5億歳。年季が違います。

〈トカゲ脳〉は最古参のベテラン社員として、社内に揺るぎない立場を築いています。好むと好まざるとにかかわらず、〈トカゲ脳〉は会社の影の最高経営責任者（CEO）なのです。

〈トカゲ脳〉の指示は「危険だ！」「動け！」といった単純なもの、つまり思考や分析を必要としないものばかりです。そしてこの指示は、とある連絡係の手で、身体中に不愉快な形で伝えられます。**その連絡係の名前こそ、〈不安〉です。**〈トカゲ脳〉は〈不安〉に対し、〈身体〉のところへ向かえという指令を下します。〈身体〉は主体性のない社員で、基本的には指示待ちです。その仕事といえば、外界の情報を感じ取り、すぐに行動を起こすことだけ（たとえば闘争や逃亡など）。したがって〈トカゲ脳〉の仕事は、次の図式で説明できます。

〈トカゲ脳〉↓不安感情↓行動

動物は、おおむねこの単純なシステムに従って行動しています。ちょっと待て、人間はそんなに単純な生き物ではない、という反論もあるでしょう。人間は「不安だという考え」も持つではないか、と。その通り、人間という会社には「考える頭」、別名〈思考〉と呼ばれるまったく別の社員が存在します。そこで次は、この重要な社員のことを詳しく見ていくことにしましょう。

頭で考えるとはどういうことか

思考は人間の体験の中でも非常に魅力的なものの一つですが、結局のところ思考とはなんなのでしょうか。

私は昔からずっと、思考とは何かを疑問に思ってきました。私にとって思考は、宇宙はどれくらい広いかとか、海はどれくらい深いかといった疑問に匹敵する大いなる神秘でした。人類はこの分野の研究で目覚ましい進歩を遂げ、謎の正体に近づいていますが、それでもわかっていることはごくわずかです。

まず、思考ではないものを考えてみましょう。思考はトカゲ脳ではありません。不安や怒り、悲しみ、喜び、エロスといった基本的な感情でもありません。感情を体感する身体でもなければ、感触や感覚そのものでもありません。

〈思考〉の仕事は、感情や感触、感覚について「考察する」ことです。心臓が血液を送り出すように、あるいは胃が胃酸を分泌するように、〈思考〉は思考を送り出し、分泌します。私たちは、〈思考〉にも感情や感触、感覚があるという勘違いをしがちですが、実際にはそうした要素を扱うのは〈身体〉の仕事で、〈思考〉は身体やその直感的な反応からは最も縁遠い人物です。

「頭で考える」とは、いったいどういうことなのでしょうか。名前を分解して、そこにある二つの単語を見てみましょう。

「頭」は〈頭脳〉です。1万人の従業員は、実はほぼ全員がこの〈頭脳〉の指揮下にあります。

自意識は頭が生み出しています。頭脳がなければ人は何も認識できないトマトと同じです。

次に「考える」ですが、こちらは〈頭脳〉の系統に属する膨大な数の社員に明確な仕事を与えます。彼らは思考の対象になることではじめて意味を持ちます。思考は枝分かれした道へ続く出発点のようなもの。考えることなくして、人はこの本を読んで解釈することも、自分や世界を理解することもできません。

人間の場合、ほとんどあらゆる出来事がこの思考というプリズムを通ります。思考を通じて人は進むべき方向を定め、不安や怒り、喜び、悲しみ、エロスといった基本的な感情に対応し、〈愛〉や〈本当の自分〉といった謎めいた社員を理解しようとします。〈思考〉もまた、トカゲ脳と同じ会社の重鎮です。

言ってみれば、〈思考〉は会社の表のCEOです。

思考が人を規定する

人生は絶え間ない思考の連続でできている。

——ラルフ・ワルド・エマーソン

このCEOのことをよく知るために、こう自問してみてください。この本を読んでいるのは誰か。意見を解釈しているのは誰か。答えは「自分」ではありません。最初に言ったとおり、自分というのは1万人の従業員からなる企業であって、実体はありません。訊き方を変えましょう。この本を読んでいるのはどの社員でしょうか？

そう、**答えは〈思考〉です**。

〈論理〉は思考の仲間です。思考は論理につながります。〈知覚〉や〈概念〉〈認識〉〈分析〉も同じ部署に所属しています。しかしひとまずは、最もわかりやすい〈思考〉に絞って話を進めましょう。

〈思考〉はまぎれもなく重要な存在です。人生のあらゆる出来事が、〈思考〉のプリズムを通して解釈されます。その結果、**たいていの人は〈思考〉を自分自身と同一視するようになります**。あまりにも固く結びついているから、一心同体に思えます。

この状態が一生続くこともあります。たとえば瞑想を通じて〈思考〉と自分は別ものだという悟りを得たとしても、皮肉なことにその洞察さえも〈思考〉から生じている以上、やはり〈思考〉はその人自身です。私がこの本で「あなた」や「自分」「人間」と書くときも、実際にはそれは〈思考〉を指していることになります。

〈思考〉はコンピューターと同じようにデータを取り込み、パターン化し、結論を出力します（人間がコンピューターをこれほど好きな理由は、自分に似ているからかもしれません）。

会社は〈思考〉に大きな期待をかけています。目をかけ、高い基準を満たすことを求めています。当人も会社を失望させまいとがんばっています。会社は〈思考〉の仕事ぶりに熱い視線を送り、ときにはプレッシャーという試練を与えます。そして〈思考〉は、そのプレッシャーを一種の励ましと捉え、会社の利益を最優先に考えて行動します。ＣＥＯである〈思考〉は、会社が眠っているときもあなたのことを考えています。あなた、あなた、あなた。人が自意識過剰になるのも無理はありません。熱心な付き人が、ずっと付いていてくれるようなものなのだから。しかも、〈思考〉は〈ストーリーテラー〉や〈信念〉といったほかの社員と協力して、人間が味わう感情や感触、感覚のすべてを物語や思い込み、パターン、好み、概念へと変換していきます。

こうした物語や思い込み、パターン、好み、概念が認識を作り出します。そして、その認識が石のようにしっかり固まると、やがてそれが本人にとっての現実になります。

こうして〈思考〉は「自分は何者か」という問いへの答えをひねり出します。無数の小さなすき間を自分で埋めながら、一貫した全体像を描き出し、「普通より心が広い人間」などといったキャラクターを定めます。〈思考〉がその人を規定するようになるのです。キャラクターが固まると、人格やアイデンティティ、そしてさまざまな物事に対する意見が生まれます。

こうして、会社は〈思考〉に頼りきりになります。〈思考〉が作り出した人格は自意識や自我となり、人生という急流でしがみつくべき川岸となります。

思考に頼ることがなぜ問題か

というわけで、先ほどの図式に思考という要素を加え、不安を感じるプロセスを考え直してみましょう。

①〈トカゲ脳〉が〈不安〉を〈身体〉へ送る。

②〈思考〉が〈不安〉は不愉快だと判断する。〈不安〉は自分に注目してもらいたくて、胃のむかつきや息切れ、肩や首のこりなどの不快感を〈身体〉に与えるが、会社を守ろうと目を光らせている〈思考〉は、その不快感を考察し、問題の解決に乗り出す。そして対策を決め、行動の指示を出す。

③〈身体〉がその行動を実施する。

したがって、新しい不安の図式はこうなります。

〈トカゲ脳〉↓不安感情↓思考↓行動

たとえば、スカイダイビングに挑戦しようと決めたものの、飛行機が古そうに見えたとしましょう。〈トカゲ脳〉はパニックを起こし、〈身体〉のもとに〈不安〉を派遣します。すると〈思考〉はそらきたとばかりに、〈ストーリーテラー〉や〈信念〉、〈パターン〉といった取り巻きたちと問題の解決に当たります。彼らは会社がまだ小さいころから（つまり、私たちが子どものころから）、〈思考〉が一貫したメッセージを見つけ、研ぎ澄ませ、よく聞こえるものになるよう、協力体制を築いてきました。本人のキャラクターが「向こう見ずな冒険家」なら、メッセージは「やってみなさい。墜落してもパラシュートを着けてるじゃないか」になるし、弱虫キャラなら「ばかばかしい。あきらめて家に帰りなさい」になる。そして、〈身体〉が指示を実行します。

ポイントは、「感情」と「行動」のあいだに「思考」が挟まっていることです。このシステムを車でたとえるなら、感情は燃料、思考はエンジン、そして身体は車体です。あなたの中では、社員がそれぞれの役割を果たしながら、会社を一定の方向へ動かしています。これは、最初に言った感情と行動が直結したものよりもはるかに高度で複雑なシステムです。

ところが、複雑なシステムには問題がつきものです。

その問題とは、〈不安〉を（というより、感情の系統に連なるあらゆる社員を）前にした〈思考〉が、なんとかして相手の正体を突き止めようとすることです。この感じはいったいなんだ？ なんでこんな感覚が生じたんだ？ **こうなると、私たちはもはや不安を「感じて体験している」のではなく、不安について「考えている」ことになります。**二つは本来まったく性質の異なるプロセスです。ところが、心理学者や宗教家といった不安の専門家を謳う人たちは、不安感情に怯え、人生観を変えたいと思っている人に対して、こぞって不安について考察するよう促します。彼らは思考こそが不安への「打開策」になると思っています。不安に関する多くの本が、科学を用い、思考に頼って不安の原理を解明しようとするのも同じ理由です。

しかし、このやり方は完全なる間違いです。不安について論理的に理解し、証明し、説明できることはほとんどありません。空をつかもうとするようなものです。

科学者はエピネフリン（アドレナリン）やコルチゾールといった脳内物質の分泌について調べ、不安が生じた際の生理学的な反応を解明してきました。なるほど、どれも興味深い情報ですが、ほとんど役に立ちません。ヘビが寝室に潜り込んできたときに起こる心理的反応、神経的反応を解明したところで、ヘビが潜り込んできた理由や、ヘビの正体を突き止めたことにはならないのと同じことです。

ヘビの正体を知っているのはヘビだけです。同じように、**〈不安〉の行動原理や性格をわかっているのは〈不安〉だけです。**にもかかわらず、人は思考というプロセスを通じて不安を理解しようとします。結果、思考は空回りを繰り返し、不安をまるで理解できないことに面食らっていら立ち、そしてその状況でできる唯一のこと、すなわち「判断」によって足りない部分を補おうとします。

データが刻々と増え、複雑さが増していく世界で生き抜くために、〈思考〉は大多数の理解できない事象を判断することで、言い換えるなら善悪や正誤、美醜といった両極端な評価のどちらかに分類することで処理しています。

そうやって〈思考〉は、〈二元論〉や〈判断〉〈区別〉と力を合わせ、人や物のはっきりした好き嫌いを判断する達人になったのです。

私が昔、25年の付き合いがあった女友だちとの関係を絶とうとしたとき、彼女は当然のことながら理由を訊いてきました。私がため込んでいた不満を告白し始めると、向こうは話を遮って「一方的に判断するわけ？」と非難してきました。私は少しためらってから、「まあ、そうね」と答えました。

私はまさしく、彼女を判断していました。これこそがCEOたる〈思考〉の仕事で、人は常にあらゆるものを判断しながら生きています。判断を経て誰と付き合いたいか、どんな人生を送りたいかを決めている以上、イエスかノーかもすべては判断から始まります。〈思考〉は外界のあらゆる事象を判断します。あの人とは合わない。この人は相性ばっちり。この宗教はいい。あの政党は悪い。このピザはおいしい。絨毯の上のヘビは嫌い。判断を通じて明確かつ効果的に物事をカテゴライズし、確信をもって賢明な決断を下せるようになれば、人生はずいぶんと楽になります。さらに〈思考〉は内面世界もあまさず判断します。感謝はいい。怒りはダメ。喜びは好き。不安は嫌い。

「自分は違う。一方的に判断する人間ではない」という反論も、また一つの判断です。「一方的に判断しない」という判断、「一方的に判断するのはよくない」というのも判断です。

話をまとめましょう。**思考は人生のあらゆる局面に深い影響を与えます。〈思考〉は同じ物語を繰り返し、非常に一方的な判断を自信たっぷりに下す、知ったかぶりのCEOです。**人は来る日も来る日も、このCEOのアドバイスに従って生きています。スケートボードにハマりすぎて事故に遭い、脳に致命的な損傷でも負わない限り、〈思考〉はいつまでも変わらず、会社を去ることもないでしょう。

第2章
不安の正体を知る

不安とは何か

では、不安とはいったい何なのか。そう思うであろう読者のために、この章では不安の正体を考えることにします。

前の章では、影のCEOである〈トカゲ脳〉と、表のCEOである〈思考〉を紹介しました。ここでは2人の存在を念頭に置きながら、科学ではなく経験に基づいて不安を分析し、不安がなぜ、決まって最悪のタイミングで忍び寄ってくるのかを考えます。

不安が感情で、感情が行動を引き起こすことは説明しました。しかしまだ不安の正体は不明です。わかっているのは、この意識的、無意識的な不快感が、自覚のあるなしにかかわらず、あらゆる場所や空間、人間関係、さらには仕事に「存在している」ことだけです。

最も古く、強力な脳の部位から生じる不安感情は、細胞レベルで生物とともに存在しています。生命が誕生した瞬間に不安も生まれました。不安は生きていれば必ず体験するもので、生まれてから死ぬまで生物のそばにいます。よく見れば、あなた自身はもちろん、ペットの犬や敵、味方、さらにはホッキョクグマも不安を感じていることがわかります。

なぜでしょうか。

考えてみれば、不安を感じるのは当たり前の話です。あなたは地球という、この宇宙にぽつんと浮かぶ惑星に生まれました。そこには恐ろしいことが数限りなくあります。自然は暴力的で予測がつかないし、いやな人に出くわしてひどい経験をすることもある。しかも人間は歳をとり、病気になり、いつかは死んでしまう。生きるとは、かくも恐ろしく惨めな体験です。

生まれた直後は、まだ世界とつながっていました。赤ちゃんは間違いなく「私はあなた、あなたは私」だと思っていて、つながりと安心以外には何も求めません。ところがその後、状況は一変します。2歳になるころには自我が形成され、思考などの仕組みが生まれるのです。

幼子は、そこではじめて自分が世界の一部ではないことを感じ、無限の宇宙とのつながりを失って、切り離された「個」になります。そして、自分とほかの人、あるいはほかの物といった視点で世の中を捉えるようになります。ほかの人や動物、木々、川、山、地球、太陽、影、身体など、自分が接するあらゆる人と物、さらには人生さえもが「他」になります。そして「私はあなた、あなたは私」「私はこれ、これは私」という関係は崩壊します。

もちろん、2歳の子がこうしたことを意識しているわけではないですが、時間が経つにつれて、言い知れぬ孤独感、物足りなさを人は強く感じるようになります。その影響は、成長とともにさまざまな形であらわれます。

↓ **喪失感を覚える。**

↓ **自分が何者かわからなくなる。**

↓　取り残された、または疎外されたと感じる。
↓　見捨てられたように感じる。
↓　内なる無力感をお金や名声、あるいは「世界を征服する」といった外的な成果で埋めようとする。
↓　自分は生涯孤独で、自分ひとりの力で生きていかなければならないように感じる。

つまり実際には、**人が違和感や物足りなさを抱き、埋め合わせようとするものの正体は、生まれたときには持っていたが、その後に失われてしまったつながりなのです。**

宗教やスピリチュアル講座の多くは、この孤立感を克服し、人間を本来の姿へ戻すことを目的としています。ヒッピーはそれを「ニルヴァーナ」と呼びました。仏教徒は「悟り」、道教では「タオ」、ニューエイジ世代は「集合意識」、瞑想家は「無心」、キリスト教徒は「キリスト意識」と呼んでいます。呼び名はさまざまですが、どの活動もあるべき状態への回帰を目指しているという点では同じです。

もっとも、ブッダは「悟りはまやかしである」とも言ったといいます。努力を重ねれば、自我や思考の先にあるものを数回か、ひょっとすると何度も体験できるかもしれません。しかしそれで問題が解決したわけではなく、人は必ず個の状態へ引き戻されます。自我は人間の宿命です。自我を持たない人はいません。そして、不安の源はそこにあります。

世界から切り離されると、他人やほかの物は馴染みのない未知の存在になります。目的や性質がわからない、自分を傷つけかねないものになります。

こうした弱さを少しでも減らそうと、〈トカゲ脳〉は徹底抗戦に出ます。その最たる手段が不安、さらには怒りを糧に行動することです。**勝手のわからない、絶えず変化する不安定な世界で生きていけるよう、不安による防備を固めるわけです。**不安感情は意識に上ることもあれば、無意識に働くこともあります。しかし、不安は必ず人間の中にあります。

自分は違うと思うのは、現実から目をそむけているだけです。

人間の環境への適応機能の一つに、反復というものがあります。人は自分のまわりをなるべく馴染みのあるもので固めようと、何かを繰り返します。人が音楽を愛するのは反復があるからです。同じメロディーを繰り返し聴くと、安心感や親しみ、落ち着きを感じられます。だから同じ曲を何回も聴き返すわけです。

特定の恋人と長く付き合い、同じ住所や仕事にとどまり、旅行に行くたびに同じホテルへ泊まるのも、慣れ親しんだもの、つまり同じことの繰り返しが安心をもたらすからです。新しい仕事を始めたり、恋人と別れたりはおろか、普段と違うレストランで食事をすることにさえ怖じ気づく人もいます。

反復に加えて、人は「コントロール」も求めます。未知の物事に対する弱さを克服しようと、あらゆるもの、さらには人間を思い通りに操ろうと、外界の事象（時間や家族、他人、活動、政治、結果など）だけでなく、内なる事象（1万人の社員の〝声〟とその発言内容）をできるだけコントロールしようとします。

「理解」も人間が求めてやまないものです。人はすべての物事に説明をつけようとします。科学的に証明できる知識以外に頼れるものがないから、救命用具にしがみつく難破した船の乗客のように「科学的事実」にしがみつきます。証明できない出来事にはなんの価値もないという主張は、証明された事実だけが安心をもたらすという思考の裏返しです。

恋人の考えや、上司の発言の真意、スキーの完璧な滑り方を「解明」し、証明しようとする行為や、さらには不安そのものを理解しようとするのは、すべて弱さを隠したいからです。不安に関する本の多くが科学的根拠を持ち出すのもそれが理由です。

反復やコントロール、理解は、思い込みや物語と同じ心の拠りどころとなります。そしてそのどれかが脅かされると、さあ大変、大事なものが失われる可能性が出てきます。

大事なものとは、我慢強さや落ち着き、冷静さはもちろん、自意識や思い込みといったその人にとっての「真実」、つまり馴染みのあるものです。つまり**不安とは、「大事なものが危険にさらされている」「何かを失いかけている」という感覚にほかならない**のです。

自信家が自信を否定されれば大切な自意識が傷つくし、信心深い人が宗教をけなされれば信念（信仰）が揺らぎます。かわいがっている愛犬をなくすのは最悪だし、あって当然だと思っていた若さや美しさ、エネルギーを失うのもすさまじく恐ろしいことです。怪我をすれば、何を失うかわかりません。

刑務所に入れば自由を、人と絶交すれば希望やつながりを失う羽目になります。死は生命の喪失です。高所不安症の人は、一説によると、高い場所を怖がっているわけではないそうです。彼らは実は、自制心をなくしてわけがわからなくなり、飛び降りてしまうことを恐れ、不安に思っているらしいのです。

冷静さを失い、慣れ親しんだ世界を手放せば、また元の弱さが戻ってくる以上、これは由々しき問題です。

ところが、これは自分の力ではどうしようもないことです。人や物、あるいは情熱や環境、自制心の有無にかかわらず、愛するものはすべて、ある瞬間、本人の意思に反して取り上げられてしまうものです。

そしてそのことを、私たちは心底不安に感じているのです。

最大の不安は「拒絶されること」

人間が失いたくない、最も大切なものとはなんでしょうか。私はそれが、出会ってきた人たちとの関係なのではないかと考えています。他人に拒絶されるのではないかと強く不安に感じるのは、おそらくそれが原因です。

〈トカゲ脳〉にとって、拒絶は死に匹敵する不安です。ですから、手にした安心やつながり、自信を奪おうとする人があらわれようものなら、自衛手段として即座に拒絶します。拒絶は相手にとっても非常に恐ろしいものであるため、拒絶し返してきます。こうして拒絶の応酬が生まれます。他者と出会い、未知のものと遭遇し、弱さを隠そうとする反応が生まれ、大切なものを失うまいと他者を拒絶する。

これが75億の人類のあいだでエスカレートし、世界はいま、逃げ場のない牢獄と化しているのです。

それなら他人と一切関わらないのが一番だと思うかもしれませんが、そんなことは不可能です。人間は生きるためにお互いを必要としています。言いようのない孤独感は耐えがたく、人はお腹を空かせた迷子の子どもが家へ帰りたがるように、赤ちゃんのころにあったつながりを絶えず切望しています。

そして最後は、いつまでも孤独でいるかもしれないと不安になり、拒絶を覚悟で他者とのつながりを求めるようになります。怪我を覚悟でスポーツに挑戦し、自然との触れ合いや新しい挑戦を追い求めるようになります。失敗を覚悟で才能を開花させようとします。

ほかの人やもの、体験、本当の自分とつながろうと、人は挑戦を繰り返し、未知の世界

や弱さ、喪失のリスク、拒絶のリスクに立ち向かいます。努力が報われ、新しいお気に入りのレストランを見つけ、愛が手に入ることもあるでしょう。私は人前で話すのが大の苦手ですが、何度も挑戦しています。いつも、「話し終わったあとで拒絶されませんように。逆に愛され、感謝され、つながりを感じられますように」と願いつつ、びくびくしながらたくさんの人の前に立っています。

人前で話すことをこれほど不安に感じるのはなぜでしょうか。死ぬより恐ろしいと感じるのはなぜでしょうか。これには、高所不安症と似た面がある気がします。つまり、拒絶される不安のほかにも、我を忘れてうっかり本音を漏らしかねないことが恐ろしいのです。

本当は人生のあらゆる瞬間、特に人前で話しているこの瞬間が怖くてたまらないのに、そんなことは口が裂けても言えないので、ただ不安を感じるわけです。

不安を感じることがこれほど大げさな問題だと思いたくない気持ちはわかります。私もプロスキーヤー時代には信じなかったし、そもそも何一つ不安ではありませんでした。人生が本質的につらいものだと思いたくないのもわかります。不安感情を1回も味わわないことはないとしても、人生はやはりすばらしい驚異に満ちていると言いたい人もいるでしょう。

確かにそれはその通りなのですが、実はそうした考えこそが、不安を抑え込もうという態度の始まりでもあるのです。**すばらしい人生「だけ」を望んでいると、それ以外はすべて人**

生にあってはならない間違いだと考えるようになります。そして、不安という不愉快な感情を悪とみなすようになります。

しかし赤ちゃんのころを考えれば、問題は孤立感であって不安感情ではないことがわかります。不安は原因ではなく、結果にすぎません。**人生の悲しい真実は、個として切り離されていることであって、不安ではありません。**孤立は人間の宿命、人生の本質です。それでも人生そのものが間違いだと結論づけるわけにはいかないので、弱さや拒絶、喪失、未知の人やものを間違いだと考えた末、何もかもが間違いだと断じるようになります。

特に不安とその体験にともなう不快感は、大きな間違いだとみなされます。

不安が生む不快感

感情は、シンプルな行動に素早く移るために生まれたメカニズムです。ところが〈思考〉が表のCEOに君臨するようになると、感情はむしろ複雑でわかりにくいものになりました。基本的な感情である社員たちからのメッセージは、〈思考〉を経由することで歪められ、ぼやけ、単純な行動はおろか本来の意図とは逆の行動を促すものになっています。

その最たる例が〈不安〉です。**いまでは誰ひとり〈不安〉の〝声〟を聞き、その言い分を**

検討しようともしません。〈思考〉が〈不安〉をどう「考える」かだけが重視され、〈思考〉の言い分のみが検討課題に挙がります。こうして〈思考〉は〈不安〉の血肉や骨となりますが、あくまで〈思考〉は〈不安〉の代弁者であって、断じて〈不安〉そのものではありません。

ここに問題があります。ある〝声〟が別の〝声〟を代弁すれば、常に誤解が生じます。たとえば「クリステンについて話して」と頼まれた友人が私を代弁したとしても、そこには誤解がたくさん含まれます。友人が私のすべてを知っているわけはなく、できるのは経験のフィルターを通じて私を解釈し、判断を下すことだけです。

誰かとはじめて会うとき、ほかの誰かから前もって「ひどい人だから関わり合いにならないほうがいいよ」と言われたら、先入観なしに相手を判断するのは難しくなります。不安は悪いものだという決めつけも同じです。実際には、不安はそれほど悪いものではないかもしれないのに。

感情そのものに善や悪といった性質はありません。不愉快なものが悪い感情と呼ばれるだけです。**不安もただの感情で、いいも悪いもありません。あるのは不安そのものです。**

不安という言葉を聞いて、あなたは何を思うでしょうか。悪い感情とみなすでしょうか。不安を感じたときや、「不安」という言葉を聞いてどう反応するでしょうか。緊張し、話を変え、部屋を出ようとするでしょうか。**そうした反応を調べると、あなたが不安をどう捉えてい**

るかがわかります。

大多数の人と同じように、あなたにとって不安は黙らせるべき絶対的な「悪」でしょうか？不必要で、不愉快で、不都合な感情でしょうか？　自分を脅かす敵でしょうか？　不安は抑え込み、克服する必要があるという常識にうなずくでしょうか？

不安は自然な感情だと言い、不安と向き合おうと訴える人もいるでしょう。ところがそうした人でさえ、言ったそばから「不安を克服して忘れ去りたい。不安に負け、道を阻まれたくない」と意見をひるがえすことがよくあります。それは、その人が〈不安〉をはじめとする社員と良い関係を結べていない何よりの証拠です。

そうした人はたくさんいます。不安が嫌われ者なのには理由があります。**たいていの人は小さいころに、不安が生んだ不快感を「悪い」ものとして経験します。気分が悪くなり、まるでシロアリのように不安が夢や希望をむしばんでいくように感じます。**だから、子どもながらに不安を無視し、抑え込もうと決める。そうすればシロアリはいなくなり、ほっと一安心というわけです。

このすばらしい体験を題材に、〈思考〉とその仲間たちは、〈不安〉をやり込めた成功の物語を紡ぎ出します。〈不安〉などという悪い犬は地下室に閉じ込めてしまえばいい。物語は、やがて揺るぎない確信になります。あなたはみなぎる力を感じ、勝利に酔いしれます。

しかしこれは束の間の勝利でしかなく、そのあと人は、ただただ弱くなっていくばかりなのです。

思考はコントロールできない

ここでもう1人、〈コントロール〉という名の精力的な社員を紹介しましょう。〈コントロール〉の仕事は、その名の通り、あらゆる人とものを思い通りに操ることです。弱さを補うためにも、これは会社の欠かせない業務です。

〈コントロール〉は、外界に対しては知人や他人、政治、交通、できるなら月や惑星をも操ろうとします。

内面世界についても、時間の使い方や、思ったことを口に出すかの判断、すべき行動の選択、自己認識、ほかの人から見た自分のイメージなどを操ろうとします。あなたという企業、特に企業の経営幹部にとってはどれも死活問題です。

「脳を鍛える」タイプの人たちは、〈コントロール〉の役割のほうが思考より重要だと考えます。〈コントロール〉には〈思考〉というサルを檻に入れ、荒馬を飼い慣らす力があるし、思考をコントロールすれば現実や人生、運命さえもコントロールできると主張します。

この社員が問題の数々を解決してくれると期待する人は多くいます。だからこそ、各地で怒りをマネジメントする方法を教える講座や、性欲を抑える方法を学ぶ講座、そして不安感情をコントロールする方法を学ぶ講座が開かれているわけです。人生で感じる喜びや感謝の量さえも、コントロールの対象となります。

なるほど、1万人の社員の〝声〟をすべてうまく操り、〈喜び〉や〈感謝〉などのいい声だけを聞き入れ、〈怒り〉や〈不安〉などの悪い声に耳を塞いでいれば、やがては本当の自分が見つかって思い通りの人生を送ることができるかもしれません。

さらには人類と世界を支配できるかもしれない。成功すれば大したものです。

朝起きて、歯を磨き、時間通りに出かけ、採用面接でしかるべき言葉遣いをする。こうしたことができるのは〈コントロール〉のおかげですが、それ以上を望み、ほかのことまで好きに操ろうとすれば、厄介な事態が待っています。

「脳トレ」に励む人には悪い知らせかもしれませんが、**〈コントロール〉が思考を制御する能力には限界があります。**南カリフォルニア大学の神経画像研究所（LONI）の調査によれば、人間の頭には1分間で48通りほどの考えが浮かぶそうです。1時間に2880通り、1日に約7万通りの考えが次々に浮かぶ計算です。そのすべてをコントロールしようとするのは、消火ホースから吹き出す水の一滴一滴を手のひらで必死に受けとめようとするようなものです。〈コントロール〉に頼れば、スカイダイビングの回数を減らしたり、ダンスを披露する機会から逃れたりして、不安な気持ちを多少は抑えられるでしょう。ところが、不安は次の瞬間には別の形を取ってあらわれ（たとえばダンスの練習をサボる不安）、〈コントロール〉はすぐにパンクしてしまいます。

考えてみれば、原初の単細胞生物が誕生した約40億年前から不安は存在しているのです。〈トカゲ脳〉は5億年にわたって知識を蓄えてきました。対して〈思考〉や〈コントロール〉のキャリアはまだ2００～3００万年。〈不安〉からすれば、まだまだほんのひよっこです。だから何かしようが、何もしないでいようが、〈不安〉はいつでも戻ってきて、私たちを打ちのめすわけです。

〈コントロール〉の仕事はコントロールすることですが、自分自身を抑えることはできません。不安感情が湧き上がってくるたび、〈コントロール〉はしゃにむに自分の務めを果たそうとします。中でもよく使われるのが、無視と抑圧です。

人はなぜ感情を抑圧するのか

はるか昔から、人類は不愉快なものを軒並み避けてきました。人は感情から目をそむけ、押し殺して生きています。

感情を無視し、抑圧することは、最近まで必要だとさえ考えられていました。私たちのおじいちゃんのお父さん、おばあちゃんのおばあちゃんや、そのずっと前の世代の人たちは、感情をくだらないものとみなし、ただ事実だけを受けとめて生きてきました。うれしいことなんてめったに起こらない中で、不安を悩みの種や成長の糧にしている余裕などありませんでした。まずは生き延びることが先決で、感情はその妨げでした。こうした歴史が何世代も続けば、いまの人類が感情を察知し、身体と対話する能力を失うのも当然です。

思うに、世の中には2種類の人がいます。無意識のうちに自分の親に似てしまう人と、絶対に親のようにはなるまいと思いながら、結局は似てしまう人。つまり子どもが親に似るのは避けられない。だから、両親や祖父母と同じ問題（不安や怒りに対する逃げの姿勢）に子どもが悩まされるのは当然なのです。

そうやって、**人は生まれ育っていく中でつらい気持ちを経験し、生きるための普通の反応として、感情を閉ざすようになります。**親はもちろん、近所の人や先生、友人、知り合いに感化されてますます感情を心の奥底へ押し込め、それに慣れきってしまいます。

ある年齢までは、感情をありのままに味わうことができているのです。善悪の区別なしにただ感じ、感情と自然に言葉を交わして、感情の言う通りに行動できる。ところが「怖いよ」とお母さんに泣きつき「怖いものなんてないの」という返事が返ってきた瞬間、「不安感情は必要ない」というはっきりとしたメッセージが伝わります。こうして、不安を感じる理由はないという思い込みが作られていきます。

だからといって、母親を責めるのは酷というものです。**人類はよかれと思って、今日に至るまで何世代にもわたって感情を抑圧してきました。**しかしこうした歴史があるせいで、母親たちは感情をうまく扱えなくなり、社会は機能不全に陥っています。

この流れはあなたの世代でも変わりません。本当は良くも悪くもないものだとしても、母親に悪いと言われて信じ込まない子どもがいるでしょうか。

そのうえ、母親や友だち、世間を喜ばせたいという気持ちは、どんな年代の人間にとってもごく自然なものです。人間は社会的動物で、ほかの人から認められたいという基本的な欲求を持っています。他人を不快にする感情はうまく調整し、状況に合わせて抑え込みます。これは賢い生き方で、しかも自己満足や、愛情、敬意といった大きな見返りもあります。**こうして、不安を抑圧すれば報酬を得られるという条件づけが成立します。**

親という人生に大きな影響を与える存在から、不安は必要ないと陰に陽に言われた子どもが、不安な気持ちを消せば、いい女の子や特別な男の子になれると無意識に信じ込むのは仕方ない話です。1万人の声の1人である「ストーリーテラー」も、その情報を取り込み、その考え方をベースに壮大な物語をつづり始めます。**インパクトの大きいつらい経験、なかでも不安を感じたひどい記憶を題材にして、不安は悪いものだと確認するためのストーリーを描き出すのです。**そして、そのストーリーを繰り返し語ります。何度も何度も繰り返すうちに、

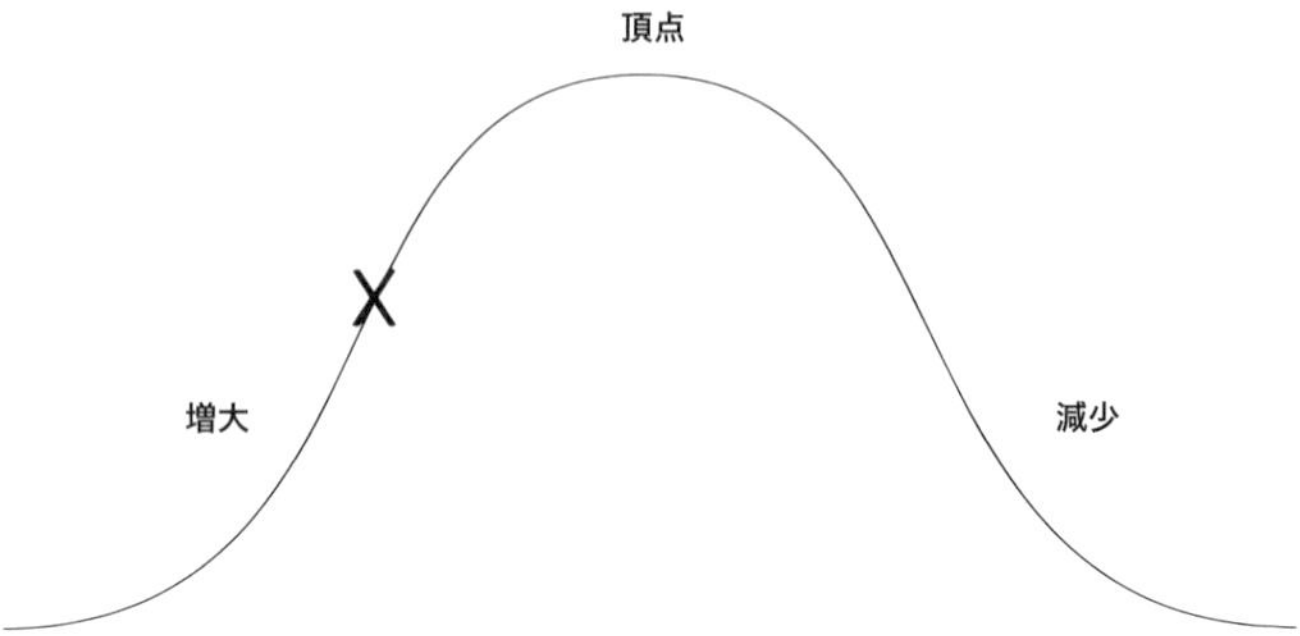

物語には尾ひれがつき、やがてその思い込みは一種の現実と化し、人生の指針になります。

思考は不安を悪者と判断します。そしてコントロールは思考の指示を受け、まるでホースの水を手で塞ぐように、膨れあがる不安のエネルギーをいっときでも止めようとします。こうして不安は抑圧されます。上のグラフは、この抑圧の仕組みを視覚的に示したものです。

グラフには、不安感情が湧き起こり、増大し、頂点に達し、減少していくプロセスが描かれています。目の前にいるのは、シューと威嚇するヘビか、はたまた怒った義理の両親か（もっとも、トカゲ脳にとってどちらも意味は同じです）。いずれにせよ、プロセスは10～90秒のあいだに起こることが科学的にわかっています。ただしヘビや義理の両親の場合は、対象が目の前からいなくならない限り不安感情は消えません。コントロールはこの要らない「弱さ（不安）」を途中で無理やり抑え込み、本人や相手に悟られないようにします。

コントロールは、さまざまな手段を使って膨れあがる不安感情を巧みに抑え込みます。分析やお酒、抗うつ剤、テレビ、買い物、仕事、皮肉、病気など、一時的なものから長期的なものまで、無数の対策を講じます（次の「column 感情を抑えている人の特徴」を参照）。そうすることで、本人は不安と正面から向き合い、不安感情が意識に上るのを避けられます。

Column

感情を抑えている人の特徴

私たちが感情をありのまま受けとめるかわりに取る行動のリストです。食事や仕事、TVドラマ、ネットサーフィンなどは、長年にわたって気をまぎらわせ、不安から目をそらす安易な手段になります。あなたに当てはまる項目はあるでしょうか？

相手を批判する	コントロールする	説教する
正しいと言い張る	皮肉を言う	人の話を遮る
陰口をたたく	論理的に説明する	くどくど同じ話を繰り返す

文句を垂れる
恥ずかしがる
世話を焼く
せきをする
疲れる
引きこもる
買い物をする
焦る
ひたすら体を動かす
自分を傷つける
心配する
空想にふける

うろたえる
がんばる
おどける
あくびをする
気が散る
テレビを見る
掃除する
分析する
笑顔を見せる、声をあげて笑う
薬物を摂取する
散らかす
飽きる

誤解される
優等生ぶる
知識を増やす
病気になる
結論を先延ばしにする
食べる
整理する
テキパキ行動する
お酒を飲む
ため込む
息を止める

感情を抑圧することはできない

〈コントロール〉は、高まる不安感情を繰り返し抑え込みます。何年間も、一日中そうしているうちに、抑圧はいつしか無意識の自動的な反応になり、表向きには不安をまったく経験せずにすむようになります。

夫に先立たれた女性が葬式で気丈に振る舞う様子を見て、「なんて立派な人だ」と家族が驚嘆した話。あるいはバーで男が拳を握りしめ、しかし殴りかかることはしないで歩み去るのを見て、友人がその気高さに心を打たれたという話。スキーヤーが不安をものともせず、12メートルの崖から飛び降りてフロントフリップを決めたという話。こうした話の背景には、この無意識の自動的な反応があります。

〈コントロール〉は、能力を高く評価してくれる社会からの継続的な支持を受け、自分が正しい道を歩んでいると確信します。水は止まったようだ。不安は消え去った。人生はコントロールできる。あなたはこう信じ、平然と、落ち着いて、何ものも恐れずに街を堂々と歩くようになります。

しかし**問題は、感情の抑圧が実際にはほとんど不可能だという点です**。感情は呼吸に似ています。息を止めようとしても、実際に止めていられるのは少しのあいだだけで、長くは続きません。息を止めて自殺を図ろうとしても、気絶して呼吸は自然に再開します。同じことが不安にも当てはまります。不安は油断した隙に忍び寄ってきます。呼吸と同じくらい自然なもので、ずっと否定することはできません。

にもかかわらず、不安を否定的に見る伝統が社会に根を張り、私たちをがんじがらめにしています。「最近どうですか」とあいさつをされたら、誰だって「不安です」ではなく「元気です」と答えるはず。不都合な社員は、何か言おうとするたびに制止され、地下室に押し込まれて、会社の一員ではないと判断されます。「よそ者」扱いされ、危険をもたらすもの、薬を飲んで退治すべきウイルスや、駆除すべきヒルだとみなされます。

不安を隠し、抑え、酒でまぎらわせ、感じなくてすむよう薬をあおる。私たちは、何世代にもわたってこうした傾向を強めてきました。**自分の感情に向き合わず、他人の感情にも付き合おうとしてこなかったのです。**

Episode

メディア、スキー業界、スキー仲間たちは私を怖いもの知らずと呼びました。果たして本当にそうだったのでしょうか。本当に怖れるものは何もなかったのでしょうか。「はじめに」の話から2年後、私はスコーバレーのスキー場へ戻り、再び「断崖」の上に立ちました。100人ぐらいの熱心なスキーヤーたちが集うパーティーに参加するためです。積雪の少ない年の春の終わりということで、デコボコの山肌が露出し、雪よりも岩が目立っていました。気温は1日を通して15度もあり、解け残った30センチほどの雪はマッシュポテトのような状態でした。こうしたコンディションと、パーティーで出たお酒の量からいって、誰もスキーを履いて飛ぶつもりがないのは明らかでした。

私はカメラマンと一緒に6時間の撮影を終えたところでした。アメリカの雑誌『スキーイング』の「クリステン・ウルマーに聞く、エアの大技の決め方」という記事用の撮影でした。

記事は男性読者が対象だったので、とても光栄な依頼に思えたものです。1993年当時、女性は大ジャンプを飛ばないものとされていました（いまでもジャンプは男性のほうが大きいですが）。女性は特にエアが苦手だと言われている中で、大ジャンプのエキスパートと認められ、凄腕のスキーヤーになった気分でした。表向きは控えめに振る舞っていましたが、内心は誇らしさでいっぱいでした。

撮影は無事終わりました。雪のひどいコンディションを考えれば、滑りには大満足でした。中くらいの起伏や岩棚を10カ所以上も飛んで、大技を何度か決めることもできました。ある岩棚を使った5回のジャンプは、6メートルの高さと9メートルの飛距離があり、当時としては大ジャンプに入りました。しかも、その日はすべて着地に成功し、一度も転倒しませんでした。

そのご褒美が、怖いもの知らずの若手女性スキーヤーという栄光に浴しながら、パーティーを楽しむことでした。私は24歳で、このために生きてきた気がしていました。

そのとき、端に立っていたカメラマンが「ちょっと来て」と手招きしました。まわりを囲んでいた優しくてカッコいい男性たちを残して、私はそちらへ滑っていきました。私が近くまで来ると、そのカメラマンは「飛んでみないか」と言って、下の斜面を指しました。

のぞきこんだ私は思わず笑ってしまいました。冗談だと思ったのです。そこにはアヒルのくちばしのような形をした雪の滑走路がありました。長さは3メートルで、幅はわずか30センチ。雪はいまにも崩れそうでした。その先には高さ12メートルの崖があって、はるか下にはシャーベット状の雪の急斜面が待ち構えていました。さらに悪いことに、着地点のそばには巨大なシナモンロールのような形をした、ものによっては高さ1メートル近いうずを巻く氷の塊がいくつも転がっていました。

スキーヤーは、滑りようがない山を見てくだらない冗談を言うことがあります。「自分ならこう滑る。岩の上で2回ターンして150メートルの崖からジャンプ。あのナイフみたいに尖った尾根に着地して、次は凍った滝を垂直に滑り降りるの。そうそう、私はうまいからスキー板は要らない」といった具合に。今回も、私はこの手の冗談だと思いました。

ところがカメラマンは首を振って「まじめな話、クリステンならできると思う」と言うんです。私は「へえ、そう」と笑って、パーティーに戻りました。

ところがそれからは、彼の言葉が蚊のようにつきまとって離れませんでした。カメラマンは私ならできると思った。本当にできるかしら。5分経ちました。もう誰の話も耳に入りませんでした。仕方なく、もう一度確かめてみようと、ふちへ行きました。

ひどいことに、最初見たときよりもっと難しく見えました。細い滑走路を滑っているときに雪が崩れたら、崖から真っ逆さまに転落して少なくとも両脚を折るのは確実です。しかも、崖下には氷の塊がゴロゴロしていました。時速80キロでその中に着地するなんてとんでもない。私はそう思い直してパーティーに戻りました。

しかし、それでも誰に何を言われても上の空でした。私は何度見ても印象は変わらないことを知りながら、もう一度だけ確かめてみようとこっそり見に行きました。

すると、稲妻のようにアイデアがひらめいたのです。一瞬にしてラインが見えました。板の間隔を狭くして素早く軽やかに滑れば、滑走路は崩れないはず。ベストな着地点はあそこ。スキーの先端がドロドロの雪に突っ込まないよう、着地の重心は少しかかと寄りで。氷の塊をすり抜けて、急斜面を最後まで滑り切れるラインは絶対にあれだ。私ならできる。

するとすべてが静止しました。スイッチが切り替わり、頭が空っぽになりました。思考も感情もすべて停止しました。人格は消え、まるで死んだようでした。何も感じず、生きている感覚がありませんでした。ひらめきは心の中でつららのように固まっていき、やがて確信に変わりました。大きく動いたり息を吸い込んだりしたらつららが砕けてしまいそうで、私はできるだけじっとしていました。

カメラマンは、崖とパーティーを行ったり来たりする私の様子を見ていました。だから、気づいたときには隣に立っていました。彼の顔を見ず、私は抑揚のない声でつぶやきました。「わかった。やってみる。でもあなたの長いスキーを貸して。ビンディングの設定は14」。シャーベット状の雪を考慮して、板と靴を固定するビンディングは、一番外れにくい設定を選びました。緊張したプロスキーヤーと働くのに慣れっこのカメラマンは、黙って作業に取りかかりました。自分のスキーを脱いで私のスキーの横に並べ、リュックからドライバーを出し、ひざまずいて私の靴に合わせて調整しました。作業が終わると、最高のアングルから写真を撮れるように別の岩棚へ登っていきました。

私は調整が適切になされることを信じ、遠くを眺めていました。パーティーに参加していたほかのスキーヤーが見ているかどうかは気になりませんでした。ニコリともせず、冗談も言いませんでした。「できる」という確信に憑りつかれ、他の感覚はまひしていました。カメラマンの準備ができたことを確認し、私は体の向きを変え、いつものようにカウントダウンしました。「3、2、1、ゴー！」

滑走路の雪はなめらかでした。私はスピードに乗り、高さ12メートルの崖から空中へ弾丸のようにまっすぐ飛び出しました。地面ははるか下でしたが、怖くはありませんでした。空中でバランスを取るために両手を前に突き出しました。着地に向けて加速するにつれ、突風にあおられたスキーが風切り音を立てました。着地の直前にまずは両方のストックが雪につき、それから衝撃が訪れました。

静寂が破れ、荒々しさがやってきました。半分解けた雪は足を取られやすく、しかもデコボコでした。当時主流だった長いスキーを履いていたせいもあって、板が大きな音を立てて激しく地面を叩きました。振動で視界が揺れ、何も見えませんでした。

死の氷塊をすり抜けながら、私はいっそうスピードに乗って急斜面をぐんぐん滑っていきました。スピードは増すばかりで「もうダメ！」と悲鳴をあげそうになりましたが、土壇場で右に大きく旋回できそうな場所が見えました。私は慎重に少しずつターンし、120メートル先でようやく完全に止まりました。転びませんでした。大成功でした。

すべてが再び静まり返りました。時が止まり、風もやみました。私は滑ってきたコースに背を向け、遠くの美しい山を見つめました。涙があふれてきました。

不安がつきものの人生を受け入れる

以前、10代の若者1200人を前にスピーチをしたことがあります。その冒頭で「いまの世の中が自分にとって最高だと思う人はいますか？」と質問したところ、誰も手を挙げませんでした。次に「いまの自分が望み通りの自分だと思う人は？」と質問すると、笑いが起こり、やはり誰も手を挙げませんでした。こうした反応は、人が誰しも生まれながらに不満を抱いていて、いまとは違う何かを追い求めていることを示しています。いつの日か望み通りの人生を手に入れても、思考のせいで、やはり別の人生を生きたいと願うのです。

いまとは違う優れた人になりたいという願いは、自分磨きの大きなモチベーションになります。ただし、このモチベーションには負の側面があります。**不安を消し、違う自分になりたいと願うとき、不安は「修正すべき問題」になります。**けれど不安は自分の一部なので、修正すべきは「自分自身」になる。修正が必要ということは、どこかに欠陥があるはず。すると「自分は壊れている」という考えが生まれ、どこがどれだけ壊れているかばかりが気になって、苦悩し、葛藤した挙句、自分を過小評価するようになります。**人生には不安がつきものです。人生のあるがままを受け入れられなければ、自分自身を認めるのも難しくなり、不安が嫌いなら自分も嫌いになってしまいます。**

そうした問題をわかってか、世の中には「壊れた自分を修理する」と謳う書籍やワークショップがたくさんあります。不安は悪という考え方は、最高のビジネスチャンスを生み出しています。不安は悪いもので、不安を感じるのは人として壊れている証拠。最低の気分かもしれませんが、どうぞご安心を。気持ちが楽になる方法があります。さあ、この薬を買いましょう。このお酒を飲みましょう。このワークショップに参加しましょう。この本を読みましょう……。

あなたがこの本を手に取ったのも、そう思ったからではないでしょうか。

Episode

スキーのキャリアは順調でした。私は年々目覚ましく成長して一流のスキーヤーになりました。ただし、私が格段に優れていたのは、スキーの技術ではなく不安を抑圧する能力でした。この能力に関しては天賦の才がありました。

この才能のおかげで、私は有名になりました。人々は怖いもの知らずの私に魅了されました。私はスポンサーから次々と問い合わせをもらい、世界中を旅して、F−16やF−18戦闘機に乗り、セックスシンボルにもなって、引退するころには一生暮らすのに困らない貯金ができました。才能はいまだに役に立っています。この本の執筆契約が取れたのも、この才能に恵まれていたからでしょう。

スコーバレーのアヒルのくちばしのような崖からジャンプした経験は、私のスキー人生の中でも特に記憶に残るものでした。私はあのとき、スポーツ選手がよく言う「ゾーン」に入っていたのでしょうか。それともあれは愚の骨頂で、たまたま運良く助かっただけだったのでしょうか。

答えはおそらく両方でしょう。

『スキーイング』誌は「クリステン・ウルマーに聞く、エアの大技の決め方」の記事で、迫力満点の大ジャンプの写真を使いました。ゲレンデは、またしても夜中まで私の話題で持ちきりになりました。エリック・パールマンは私の偉業を聞きつけて「新作のスキー映画で使うから、あしたもう一度飛んでくれ」と電話をかけてきました。私は「もちろん」と答えましたが、それはまた別の話です。

あの崖で起きた出来事の真相はなんだったのでしょうか。私はなぜ胃が締めつけられるような不安を感じなかったのでしょうか。普通の人であれば、どのように感じたでしょうか。私は「不安を征服し、克服した」のでしょうか。

その後10年間、メディアは私のことを世界で最も大胆で、常軌を逸した、驚異的なスキーヤーだと持ち上げました。レッドブルやニコンがスポンサーにつきました。プラダからは、映画スターのように好きなだけ買い物をしていいとまで言われました。

ファンがつきました。ストーカーも出てきました。一流スポーツ選手はほかにもたくさんいましたが、私は自分の命もかけていたので、みんな次元の違う興味をかき立てられたようでした。すべては不安を抑圧できる能力のおかげでした。

私は、こうした注目にふさわしい人間だったのでしょうか。「フロー」や「ゾーン」と言われる状態にあったのでしょうか。当時24歳の私は自尊心の塊で、そんなのはどうでもいいことでした。しかしいまの私は、そのあたりをよく考えます。30年のキャリアを振り返り、あの日はゾーンに入っていたと思えます。そこへ至るには簡単な道と困難な道があり、私は不安を抑圧するという困難な道を歩みました。

この選択はやがて深刻な結果をもたらします。私は生きている実感や情熱を失い、人間関係や幸せ、健康を台無しにしました。それに、あのジャンプでは脚の骨を折っていてもおかしくなかったのです。あれから50日のあいだに、もっとギリギリのラインに挑み、自分の命を危険にさらすことになったのも、あのジャンプがあったからでした。

その一方で、私は不安を受け入れるという簡単な道も歩みました。これは奇妙な矛盾でした。私は不安を憎んで抑圧すると同時に、恋人のように愛し、追い求めていました。願いはただ一つ、不安そのものとつながることでした。不安感情がそばにあるときだけ、生きている実感と濃密な時間が得られました。だから20メートルの崖から飛んだり、転倒すれば死んでしまう険しい山を滑ったりして、不安感情を少しでも味わおうとしました。

当の不安は困惑したでしょう。「こっちに来て。やっぱりダメ、あっちに行って!」と言われているようなものだからです。でも、そんな矛盾も当時は気になりませんでした。私は自由奔放で、人々の注目の的でした。すべてが思い通りに進んでいました。頭がおかしいと思われても、それはそれで楽しいものでした。

全力で不安を追い出すという過ち

人生の暗い側面には目を向けず、明るい側面だけを見ようと促す啓発セミナーがあります。この種のセミナーでは、2人の社員〈意志力〉と〈決心〉のサポートを得ながら、あなたという会社が不安なことの一切ない、大胆でいい場所になることを目指します。不安の専門家なら思考による解決を勧めるでしょう。「思考は問題を作り出すかもしれないが、解決もできる。不安を解明し、合理的に説明して追い払う方法を学びなさい」

解決法はまだまだあります。精神修養に励む。瞑想やヨガにふけり、セラピストやライフコーチ、賢い叔母に相談する。愛や感謝を奨励する。世界と一体になった本来の自分を取り戻し、不安と自分のあいだにぶ厚い頑丈な壁を築き、不安感情が入り込むすきを作らないようにする。生意気な態度で独善的に振る舞うことで、弱さを隠して不安を締め出す。

不安なことは何もないと本当に思えるまで自分をだますという、昔ながらの手法もあります。人前で「弱さ」を見せまいと、ひたすら前向きに考えて、「何も不安ではない」と自分が信じるまで不安ではないふりをするわけです。

こうした試みはどれも、ごく自然で単純な一言を口にしないようにするためのものです。そう、「不安だ」という一言を。

楽しいことを考え、瞑想して修行を積めば、気分が良くなって幸せを感じ、「これだ」と思う瞬間が訪れるかもしれません。これこそ追い求めていた道だ。本来の自分に近づいている。そう確信しながら大脳新皮質を駆使すれば、雲を突き抜けて壮大な景色を堪能できるかもしれません。

不安を追い払うには、意志の力が必要です。強靭な意志力を使えば、はしごを上り、てっぺんへたどり着くこともできるでしょう。そして上からの眺めに満足したなら、そこにとどまればいい。しかしそこで、満足できない、イライラする、批判に敏感になる、恋人とうまくいかない、やる気が出ないといった不満を感じるのなら、やり方を見直してみてもいいのではないでしょうか。

新しい役割や目標を手に入れるには、はしごを下りることです。自力では下りられないと感じたなら、この本を読み進めてみてください。実際に効果があることに集中し、不安に関するありのままの事実や、本来の自分、人生の真実に目を向けることが肝心です。

下りたら空を見上げてみましょう。何が見えるでしょうか。こう気づくのではないでしょうか。はしごを上がったのはいいけど、かける壁を間違えていた、と。

第3章
なぜ不安から逃げてはいけないか

あらゆる問題には不安が関係している

Episode

23歳のとき、つまりスコーバレーではじめてのジャンプに挑む前の夏、私は普通の人ならやらないことをしました。まったく新しい自分に生まれ変わろうとしたのです。

子どものころから臆病だった私が、それでも大人になって、なんとか自信のようなものを持てていたのは、自分がそこそこかわいく、スキーの腕もまずまずだという自負心があるからでした。それでも、いつまでも若いわけではないし、スキーが抜群にうまいわけでもない。かといって、一生怯えながら暮らすのも耐えられない。そう思った私は、自分に自信をつけるため、アジアをひとりでまわる4カ月の旅に出かけることにしました。

いま思うと、これは不安という海へのダイビングでした。ひとりで旅するのが恐ろしかったのはもちろん、旅行代理店へ電話をかけたときの私は、アジアがどういう場所かも、どこにあるかも知らない状態でした。

出かけたあとも、恐ろしい状況へどんどん跳び込んでいきました。苦しんでいる人を自分の目で見るためだけにバングラデシュを8日間かけてまわったり、インドのコルカタで、慈善団体のボランティアをやったり。フィリピンでは普通の観光ルートを外れ、30人と大部屋で3日間、雑魚寝をし、銃口を突きつけられながら出国しました。最悪だったのは、ネパールで山登りをしているときにヒルに脚を食われ、組織が壊疽して右脚をなくしかけたことでした。

この旅は人生で一番濃密な4カ月で、冬に間に合うように家へ帰り着いたときには、私はまったく別の人間になっていました。

何カ月もスキーのことなど忘れていたというのに、信じられない出来事が立て続けに起こりました。スコーバレーで人生初のジャンプに成功し、一夜にして世界一の女性エクストリームスキーヤーだと認められただけでなく、地元のモーグル大会で最下位だった女が、3カ月のうちにアメリカ代表に選ばれたのです。

理由はなんでしょうか。練習ではないことは確かです。夏のあいだ、スキーは一回も履いていなかったし、それに小学校で何回か受けた授業を除けば、誰かからきちんとスキーを教わったこともありませんでした。スキーへの情熱のおかげでもありません。そのわずか3年前の20歳のころ、私はジーンズで滑っていて、ウェアすら買えない状況でした。

理由は、不安への探究心でした。

そのおかげで、私は1シーズンで、二つのスポーツで世界レベルを経験できました。高校時代にスキーヤーの養成校に通い、小さいころから世界最高のコーチをつけてきたような子たちと渡りあえるようになったのです。不安と親密な間柄を築くだけで、こんなにもうまく、こんなにも自信たっぷりに、こんなにも速く滑れる。そのことが驚きでした。

しかし残念ながら、どんなにアツアツの関係にも必ず終わりが来るもの。旅行から1年がたち、新婚期間が終わると、私は不安との戦争状態に入り、そして戦いは15年続きました。私たちの関係は危うい前提に成り立ったもので、醜くねじれる定めにあったのです。

エネルギーがなければ、不安感情を消し去ることはできません。そしてその場合、どこかへ追いやる必要があります。しかしそれが間違いの始まりです。長いあいだ地下室へ閉じ込め、声をあげる機会を奪い、抑え込むうちに、〈不安〉はだんだん頭がおかしくなっていきます。

はっきり言いましょう。**あなたがこれまでやってきたのは、頼れる1人の社員をつまみ出し、隔離しようとすることです。**目の届かない場所に押し込めることです。そのせいで、〈不安〉は暗い地下で何も見えず、息もできず、希望を失っています。

少し想像してみてください。自分がそんな扱いを受けたらどう思うか。会社から否定され、無視され、憎まれるだけでなく、世界中の嫌われ者と呼ばれたらどう感じるか。誰にも大事にされず、誰にも聞く耳を持ってもらえない。

もちろん、そんな扱いをされてうれしいはずがありません。

そんなことをされれば、おそらく誰もがひどく傷つき、いったいどうなってるんだと思うでしょう。ただ会社を助けたいだけなのに。害を与えるつもりはないのに。それなのに自分を捨てる？　そんなの間違ってる。

そうやって、〈不安〉は窓のない暗い地下で、慌て、怒り、混乱し、わけがわからなくなり、目も見えないまま、新鮮な空気と明かりを求めてあえいでいます。

しかも、〈不安〉は仕事があるから雇われたわけです。その仕事とは、あなたを不安に思わせること。会社はまだ自分を必要としている。そう感じる〈不安〉は、必死で脱出口を見つけ出し、自分の責任を果たそうとします。

しかしここまで来てしまうと、〈不安〉の存在は会社をぎょっとさせるだけでは済みません。震えあがらせてしまいます。

そして、三つの理由から、トラブルメーカーのレッテルを貼られます。

一つ目、〈不安〉も会社の一員である。地下に閉じ込めたからといって、いなくなったわけではない。

二つ目、地下というのは実際には〈身体〉のことである。〈身体〉が、発言権のない、歓迎されない〈不安〉のゴミ捨て場や物置になっている。しかし、それは〈身体〉の本来の仕事ではない。

そして、最後に大きな三つ目、**不安を否定することはできない。**

Episode

アメリカ代表！　そのころの私は、自分ならたいていのことはごまかせると思っていました。しかし、撮影用にすごい崖から1日に何本かジャンプするのと、一流選手と毎週のように競い合うのでは、まるでわけが違います。

チームのみんなと一緒に記念撮影に臨むことになりました。USAのロゴの入った真新しいジャケットを着て、雑誌でしか見たことのなかった選手たちと肩を並べ、笑顔を浮かべながら、私は「どうしてこんなことになったんだろう？　いつまでこけおどしだとバレずにいられるだろう？」と思っていました。

もちろん、いい滑りを見せることができたから、その場にいるわけです。それでも私は、カメラマンに写真を撮られながら、自分が嘘つきだという思いを抱いていました。そしてこう思っていました。スキーについてではないなら、いったい何に嘘をついているんだろう？

風船を押しつぶせば、裂け目ができてそこから破裂します。噴火しそうな火山を塞いでも、亀裂ができてそこからマグマが噴き出してきます。それと同じで、ひどい扱いを受けた〈不安〉も、いずれは地下室を抜け出してきます。

そして、次の二つのどちらかをします。

① 最初のメッセージを受け取ってもらえなかった〈不安〉は、次はなんとしてもわかってもらおうとします。そして少しでもチャンスがあれば、すき間というすき間から抜け出してきて、今回こそは無視されないようにと、あらん限りの大声で、見境なく、不愉快な声で泣き叫び、めそめそします。その結果、会社である本人は異常なほどの不安やストレスを感じ、ふらふらになります。

② 〈不安〉はいつでもそこにいます。しかし本人はそのことに気づかず、目が覚めているあいだは気を張って守りを固め、裂け目をぴったり塞ごうとします（スキーヤーだったころの私のように）。それでも、たとえば本人が寝ているあいだに、〈不安〉はこっそり抜け出してきます。〈不安〉は眠りません。ここぞとばかりに声をあげ、本人を眠

りから覚ましますす。疲れているときや、頭が働いていないときに思ってもみないことを口走ったり、やってしまったりするのや、理由もないのに怒りや悲しみ、嫉妬、無力感があふれて止まらなくなるのは、どれも〈不安〉のしわざです。

〈不安〉はこっそり、あるいは堂々と地下室を抜け出してきて、異常な行動を引き起こします。その具体的な形は人によってさまざまで、行動の中身は千差万別です。これから抑圧された〈不安〉の特徴をお話しするので、心して読み進めてください。人生に生じるなんらかの問題は、いいえ、あらゆる問題は、まず間違いなく、地下室に閉じ込めた〈不安〉が関わっています。

Episode

大きな飛躍を果たした1年が終わり、次のシーズン、私は早速膝を壊しました。膝から下をミキサーに突っ込まれたような気がする激しい転倒で、ホラー映画にも使えそうな壮絶な場面でした。しかし、私は恐ろしくもなければ、悔しくもありませんでした。

ただただ、ほっとしていました。

膝を壊してほっとするなんて、妙な話ですよね。当時は私自身、わけがわかりませんでした。しかし、いまならわかります。アジア旅行の効果が切れ、私はまた、〈不安〉を抑え込むやり方に戻っていたのです。モーグルで一流選手と勝負したり、薄っぺらいスキー板に乗ってどんどん大きくなる崖からジャンプし続けたりするのは、どう考えてもアジア旅行より恐ろしい体験で、アジアの記憶だけでは抑えきれませんでした。だから、〈不安〉をうまくやり込めた子どものころのやり方に立ち戻り、タフで、何も怖くないふうを装った。思い通りに身体を動かせるよう、〈不安〉を地下室へ閉じ込めなおしたわけです。

当時の私は気づいていませんでした。そうやって不安感情を窒息させることで、私の身体はむしばまれていったということを。不安感情を押し込めている場所は自分の身体なんですから、それもそのはず。あの日に何が起こっていたか、いまの私ならわかります。ひどい扱いを受けて疲れ果てた身体と不安が、こう訴えていたんです。「ふざけるな、もう休ませてくれ」と。それで膝が壊れたのです。

地下室からの声は、〈コントロール〉からの解放を求める声でした。だからこそ彼らは怪我に安心し、彼らが安心したから、私もほっとしたというわけです。

ネガティブな感情を抑え込むとどうなるか

あらゆる色は、赤、黄、青という基本色の組み合わせでできています。同じように、人が感じる気持ちにも基本的なものがあります。怒り、悲しみ、喜び、官能、そしてもちろん不安です。人間の体験は、すべてこの五つの感情の組み合わせでできています。不安は罪悪感にもなり、無力感にもなります。嫉妬とも結びつきます。

要するに、5000人の「悪い」社員の大元には、〈不安〉がいるということ。〈嫉妬〉の背後にも、〈悪意〉の背後にも、必ず〈不安〉がいます。

である以上、不安を感じたり、認めたりするのがイヤな人が、〈軽蔑心〉や〈罪悪感〉〈屈辱感〉〈不満〉といった「暗い」社員の声に耳を塞ぎたがるのは当然です。そうやって、あなたはダメ社員をどんどん地下深くへ押し込めます。そして1階から上だけを見て「あんなのはうちの社員じゃない。〈愛〉と〈光〉だけが社員だ」と言うのです。

〈不安〉という、1万人の中のたった1人の社員を地下へ閉じ込めただけで、人生がめちゃくちゃになるような悪影響が生じるのです。5000人も閉じ込めたら、いったいどんなことになってしまうのでしょうか。そのあといったい何が起こるのでしょうか。

心して聞いてください。

まず、一カ所にぎゅうぎゅう詰めにすることで、**地下室に入りきらなくなり、そうした感情がすき間からあふれ出してきます。**

そして彼らは、ウィンウィンの戦略的な協力体制を築きます。会社からないがしろにされるたび、お互いを励ましながら力をつけ、そしてその大きくなった力で共通の目標、つまり地下を脱出して全力で仕事に励むという目標を達成しようとします。

地下室の大御所である〈不安〉は、これを絶好の機会だと考えます。そして〈嫉妬〉とのコンビで会社を乗っ取り、自分たちに都合のいいストーリーをひねり出し、〈嫉妬〉に乗っかってミサイルのように地上へ跳び出し、自らの存在をアピールします。〈不安〉は誰にでも乗っかることができます。〈陰口〉に〈浅はかさ〉〈飽食〉。すると会社（あなた）はどうなるか。それが不安だと気づかないまま、ただただ嫉妬に身を焦がし、ひたすら陰口をたたき、浅はかになり、暴飲暴食に走るのです。そうやって、〈不安〉は巧妙に、歪んだ形で自分を表現します。地下から声を届けるにはそれしか方法がないからです。

自分の声を封殺されてきた〈不安〉は、やがてこれが実に効果的なやり方だと気づき、自分と仲間が脱出して仕事を果たせるようにと、習慣的に何度も何度も繰り返すようになります。そして閉じ込めてきた期間が長いほど（たとえば子どものころからなど）、彼らは連携を深め、巧みになっていきます。

時間がたつにつれ、手口はさらに巧妙化し、姿をあらわすのに理想的な状況へ本人を誘導する場合もあります。〈嫉妬〉がいつでも声をあげられるよう、自分をだます男としか付き合えないようになる。誰かに邪魔されたときに怒りがこみ上げてくるよう、遅刻するギリギリの時間に仕事へ出かけるようになる。自分がどれだけ報われない人間か、あるいはどれだけ無価値な人間かの証拠を探そうとする。わがままに振る舞う。どれも、〈不安〉をはじめとする社員が自分を陰湿な形で表現しようとした末に起こることです。

これが、人生の暗く不愉快な面に目をそむけた結果起こることです。1人の社員の〝声〟を抑え込むのは、それくらい難しい。**会社が直視しようとしない一見「悪い」社員は、会社の影や闇になり、どこへ行くにもつきまとって人生をめちゃくちゃにします。**

誰だってときにはバカな真似をするし、自分は役立たずだと感じるし、不安に思う。それを認めることを拒否し、ネガティブな〝声〟を否定した瞬間、そうした社員たちは暗い方法で自分の〝声〟を届けようとします。その結果、主に次の三つの何かが起こります。

① 〝声〟に気づいてはいても、なぜかネガティブな感情が湧いてきて止まらず、人生に明らかな悪影響が及ぶパターン。たとえば嫉妬心を抑えると（こんなのイヤ！）、次第にほかの人がうらやましくて仕方なくなってくる。空虚感を抑えれば、どんどんむな

しくなります。

② 〝声〟に気づかず、体感することもまったくないけれど、影響が別の予想外の形であらわれるパターン。他人につらく当たるのもその一つです。抑えているのが弱さなら、弱い人にがまんできなくなる。実際には抑え込んだ〝声〟の影響をもろに受けているのに、それを否定し、見て見ぬふりをしているせいで、ネガティブな社員がまったく見えなくなるパターンです。

③ 抑え込んだ〝声〟が「補償」、つまり逆の形であらわれ、ときには人格そのものが変わってしまうパターン。嫉妬心を否定すれば（「私は少しも嫉妬深くなんかない」）、パートナーにやたらと文句を言い、イライラするようになります。おもしろいのは短気なのを否定するパターンで、この場合、やたらと他人に親切になり、やがて自分の親切さにうぬぼれるようになりますが、これは形を変えた一種の短気です。

このように、たとえ表面的には自分の「悪い」ところをコントロールできたように思えても、実際にはいつの間にか相手の思うつぼにはまっているだけ。会社が社員の操り人形になり、コントロールしようとしたはずが、逆にコントロールされる羽目に陥ります。

しかも、何を感じたくないか、どんな人間になりたくないかばかりを考えていると、感覚がまひして、自分が何者かわからなくなってきます。「不安を感じる」や「無価値だと感じる」ではなく、「不安を感じたくない」「無価値だと感じたくない」とひたすら思っているうちに、人生が「あれもイヤ！　これもイヤ！」の繰り返しになるのです。

だからこそ、人生に行き詰まった相談者と向き合うとき、私は必ずこの部分から取り組むようにしています。**人生がうまく行かなくなった人に対して、投げかけるべき質問はたった一つ。「あなたが直視したくない、できれば捨て去りたい自分の影と呼べる部分はなんですか？　もっと言うなら、あなたが認めることを拒んでいる、心の奥底の不安はなんですか？」**。それを見つめてはじめて、問題や行動を理解し、解決できるようになります。

「悪い」社員の首を切れば、その先に待っているのは地獄です。逆に、〈不安〉をはじめとする地下室の〝声〟を受け入れる余裕を持てば、天国にいるような落ち着いた気持ちで生きることができます。

それを自分の一部として引き受け、尊重してやれば、地下室の〝声〟は問題にはなりません。どれも人間の自然な一部で、ないのは不自然です。引き受けて尊重すれば、彼らは知恵と視点を提供してくれます。そしてあなたも、自分が何者かを１００パーセント把握できるようになります。

想像してみてください。こう言える余裕を持つだけで、人生がどれだけ楽になるか。怖い、満たされない、自分はひどい人間だ、がさつだ……。そうした「暗黒面」をシャットアウトするために、どれだけの緊張を強いられているかを考えてみましょう。

とはいっても、認めるのは簡単ではありません。**抑え込まれた時間が長いほど、「悪い」社員の声は聞こえにくくなっていきます。**地下社員の暗く悲しいコミュニケーション手段に気づく人もいるでしょうが、皮肉なことに気づいた人は、いままで以上に〝声〟を遠ざけ、いっそう強い決意で〝声〟を封じ込めようとします。すると向こうもいっそう巧みに、いっそう密やかに、そしていっそう必死になっていくのです。

しかし、剣を収めてよく考えてみると、〝声〟は実際には暗くなんてないことがわかります。ずっと抑えられてきたせいでそう思えるだけ。意識という光が、彼らにスポットを当てることができていないだけの話です。暗い〝声〟も光が当たれば明るくなります。影はなくなって光になります。

考えてもみてください。ネガティブな〝声〟をコントロールし、隔離しようという考えが、どれだけ常軌を逸しているか。問題は彼らが暗いことではなく、暗い場所へ押し込めたことなのです。

ここが私たち人類の現在地です。人類は、問題の繰り返しという名の陸上トラックに閉じ込められ、ぐるぐるまわるばかりで抜け出せずにいます。出口がないと感じています。はっきり言いましょう。そう感じるのは、自分がトラックにいると気づいてすらいなかったからです。

ですが、あなたはいま気づきました。〈不安〉がほかの〝声〟とつながっていることは、**誰にも否定できません。〈不安〉をシャットアウトしようという姿勢が問題を呼び込んでいることも、否定できません。あなたがいまやるべきは、〈不安〉との関係の見直しです。**

言い知れぬむなしさや罪悪感、怒り、屈辱感を感じているのなら、そうした感情の下に横たわる不安感情に目を向け、不安を感じなければ、脱出はおぼつかないでしょう。そしてまた、不安との勝ち目のない戦争、緊張した関係を繰り返すことになります。

怒りと不安はよく似ている

怒りもまた、人間が生きていく中で必ず体験する感情です。不安と同様、一生怒らずに生きていける人はいません。不安と同じように〈トカゲ脳〉が生み出し、状況に合わせて不安のかわりに、あるいは不安と同時に登場します。たとえば、サーベルタイガーと出くわした原始人にとっては、死の不安を感じるのが正解。不安感情は「走れ！」と逃走を促します。一方、自分の妻を寝取ろうとする男と出くわしたときは、怒りがベターな選択肢でしょう。怒りは闘争と戦闘を促します。「戦え！」と叫び、強烈なパンチを繰り出させます。逃げるか、戦うかの選択がすべてである〈トカゲ脳〉は、走るために不安感情を生み、殴るために怒りを生みます。

不安と同じで、怒りも基本はシンプルですが、経験に基づく鋭い知恵を持っています。不安よりもトガっていて、ぶっきらぼうで、積極的で、対象が明確な怒りの役割は、行く手に立ち塞がるものを排除することです。「邪魔する奴は許さない」という激しいエネルギーをたぎらせながら、怒りは誤解しようのない明確なメッセージを発します。「すぐに行動を起こし、領域侵犯から身を守れ」。侵犯が正当か不当かなど関係ありません。

しかし残念ながら、いまの社会状況では、怒りの知恵をそのままの形で活用することはほぼ不可能です。人は誰しも、子どものころに父親から「そんなことするな」と怒りを否定され（私はこれを「怒りに対する侮辱」と呼んでいます）、そこからおかしくなっていきます。

〈不安〉の手綱を握るのは大変ですよね。では〈怒り〉はどうでしょうか。〈怒り〉は激情家で、力も強く、〈コントロール〉でも一筋縄ではいかない相手です。そこで〈コントロール〉は、一番強い武器を持ち出し、3回ほど深呼吸をして、ドラゴン退治に取りかかります。そしてあなたが感情をコントロールし、言いたいことを呑み込み、口論の場から黙って歩み去れるようにします。あなたは怒りを抑えられたことをとても喜び、そしてしばらくのあいだ、会社には平穏が戻ります。

しかし、逆に考えてください。つまり、自分が〈怒り〉だったらどう思うか。喜びや楽しさではなく、怒りを与えることが仕事の社員が、「どっかへ行け、二度と戻ってくるな」と言われたらどう感じるか。毎日のように、いいから黙れとか、厄介者だとか、要らない奴だとか、恥ずかしいとか、子どもみたいだとか言われ続けたら、怒りは弱まるのか、それとも強くなるのか。

言うまでもないですよね。

怒りとうまく付き合えていない現代人は、抑え込まれたときの怒りしか知りません。壁に空いた穴。窓から放り捨てられたもの。襲われる人。襲う人。激論、暴力、暴走、苦悩。どれも抑圧された怒りのあらわれです。

どっか行けと言われた怒りは、いったんは去りますが数日もすれば戻ってきて、前よりもよく切れる剣を振りかぶり、哀れなあなたの頭をちょん切ります。

これは危険なサイクルです。**怒りを封じ込め、捨て去ったように思えても、実際には怒りは無意識の世界に逃げ込んだだけです。**〈怒り〉は心の奥底で力を蓄え、そしてチャンスと見るや〈不安〉とともに跳び出してきて、異常で、支離滅裂で、そしてたいてい恥ずかしい行動を取ります。賢明だったころの真の姿をずいぶん昔になくし、本来の知性や目的意識を忘れ、自分の怒りをまき散らすだけの存在になってしまっています。

不安についての本で、私が怒りを取り上げるのはなぜなのかと思うかもしれません。

それは、**怒りの裏には常に不安があるから**です。

不安を感じると、アドレナリンが分泌されて心臓の鼓動が速くなり、血流が増し、エネルギーが湧き上がって全身に広がり、行動の準備が整います。走る（脚）か殴る（腕）力が蓄えられます。

子グマを守ろうとする母グマは、エネルギーと血液の奔流に支えられて、仁王立ちで腕を広げ、爪を出し、敵の頭を切り裂こうとします。それを見たら、誰だって怒っていると思いますよね。だけどよく見ると、そこにあるのは不安です。母グマは、子どもが敵に傷つけられるのではないかと不安に思っています。そこに激しさを一滴垂らすと怒りに変わります。

怒りと不安はとても仲良しで、見分けるのは簡単ではありません。怒りの源は基本的には不安なのだから、不安がねじれ、歪んでいれば怒りもそうなるのは当然です。

これでは、怒りが激しく、危険な形であらわれるのも無理はありません。ないがしろにされた怒りがぶちまけるのは、自分の怒りだけではありません。不安の怒りも肩代わりします。**怒りに思えるものの95パーセントは、実際には怒りではありません。正体は、地下室で自分をアピールしている〈不安〉です。不安はよく怒りと勘違いされます。**

つまり、現代人の暴力は抑圧された不安のあらわれなのです。

だからこそ、怒りをコントロールする講座に通っても、ほとんど効果はありません。背後にある不安に立ち向かい、捨て去る方法はほとんど教えてもらえないからです。しかも、一見ただ一つの「有効な」手段に思える抑圧とコントロールは、話した通り、実際には問題を大きくするだけです。

不安のかわりに怒りを感じる。一見すると、これは実にお得な取引に思えます。怒りは悪いものを正すためにあります。「悪い」のが不安そのものでも、正してくれます。やった、これで問題解決！　怒りがあれば、不安をどうにかする必要もなくなる。怒りは不安よりずっと安全でパワフルな感情だ。

正義の番人である怒りは、同じように、ほかのあらゆる悪い社員の〝声〟もかき消します。そして、怒りの元凶を外に求めます。あんなことがあったせいで腹が立った。いけないのはこいつだ。「こんなものがあるからうらやましくなるんだ。お前が自分を落ち込ませたんだ」。そんなふうに自分の傷や弱さ、疑念、不安、隙を別のものに投影し、自分の妄想や傲慢さを直視しなくてもいいようにしてくれます。するとあら不思議、不安だけでなく、あらゆるクソみたいなものを認めなくてよくなります。

悲しみにも向き合わなくてよくなります。これは子どもを見るとよくわかります。悲しさも当たり前に味わう気持ちの一つですが、物事がうまくいかないときは、悲しむよりも怒るほうが安全です。進んで悲しみを受け入れようという子どもはいません。それでは自分が悪いということになり、力を失うからです。対して怒りにはパワーがあります。

ですが、果たしてそれは本当の力なのでしょうか。

現代人の感じる不安と怒りは抑圧された不完全なもので、こうした感情を人生の健全な一部にすることは不可能になっています。虐待された子どもは自分を傷つけ、他人を傷つけるようになります。

このような抑圧された怒りのパワーは偽ものです。**人生に本当のパワーを取り戻すには、地下室の〝声〟を抑え込むのをやめる決意が必要です。**

あなたという会社の社員は、誰もが優れた知恵と、すさまじい妄想を兼ねそなえています。押さえつけられた社員は妄想ばかり口にしますが、地下室から出して会社の一員として受け入れ、尊重してやると、今度は知恵だけを提供してくれるようになります。このことについてはのちほどお話しします。

不安や怒りといった悪い〝声〟に関心を持つのは、そう悪いことではありません。それなら、地下室から出し、会社での名誉ある役割に戻してあげてもいいのではないでしょうか。そうすれば、怒りは適切な状況であらわれるただの怒りに戻り、無意識の世界で過補償を起こしたり、歪んだ形であらわれたり、過剰反応が出たり、混乱が生じたりといったこともなくなります。水面下での苦悩もなくなります。怒りは必要な場面で、思慮深い賢明な社員としてあらわれ、激しさや暴力ではなく、品位を持って間違いを正すようになります。そして仕事が終われば消えていきます（第2章で紹介したグラフを思い出してください。感情は本来、10秒から90秒のあいだにあらわれてピークに達し、鎮まっていくものです）。

それができれば、現代人の感じる怒りの95パーセントは消えてなくなると思います。怒りが消えれば不安や警戒心、他人を責める気持ち、自分勝手な判断、支配衝動、軽蔑心、気持ちの落ち込みも一緒にいなくなります。

しかしその地点へたどり着き、パワーを取り戻すには、まず自分が不安と怒りに対して無力だと認めなくてはなりません。

果たして私たちにそれができるでしょうか。感情をコントロールするのではなく、あらわれたらただ感じ、味わうということは可能でしょうか。

それには信じることです。彼らを地下室から出し、悪辣なドラゴンなどではないと認める。周囲のあらゆるものを脅かし、頭を噛みちぎって、夢という夢、希望という希望を打ち砕く怪物などではないと気づく。あなたを第一に考える会社の財産、仲間だとみなす。そうすれば、彼らは何十年も虐げられていたとしても、すぐに許してくれます。

人が不安に支配されやすい理由

誰しも、感情に支配されることがあります。スローライフを送る人でさえ、感情に押し流されそうになることがあります。私たちはそれをいけないことだと考えています。感情に流されるに「任せる」のは大きな失敗だと思っています。そんなことをすれば、〈コントロール〉がコントロールを失い、〈不安〉や〈怒り〉、〈悲しみ〉がシステムに流れ込んでしまう！「復旧」が済むまでコントロール不能に陥ってしまう。そうなる前に抑えろ。

ではなぜ、こんなことが起きるのでしょうか。

人には好みの感情というものがあり、それに従って一緒にいたいと思ったり、別れたいと思ったりしますが、好みが生まれる原因は親にあります。自分を救うことさえできない親は、悲しんでいる子どもに「そんな顔をしないで笑って」とか、怖がっている子どもに「怖がることなんてないのよ」とか言って、その気持ちから早く離れさせようとします。そうやって人は、感情を早くやり過ごすくせをつけていきます。

その極端な例が、事件からさほど時間が経っていないのに殺人犯を許そうとする人たちです。パッと見にはすばらしいことに思えます。しかしよく見れば、彼らは不安や怒り、悲しみの〝声〟からさっと逃げ出し、許しという別の〝声〟で上書きしているだけです。前者の〝声〟は聞きたくないから。あるいはどう向き合っていいかわからないから。

これは不愉快な感情に限った話ではありません。喜びも、心から味わい、その感情に呑み込まれるのはよくないと思われています。現代人は、何かに心を動かされることすら許されないのでしょうか。**私たちは「あなたはこう感じるべきだ」というほかの人の意見やニーズ、期待に合わせて感情を隠し、やり過ごしています。**そして奇妙なことに、そうした振る舞いは立派だとみなされます。そのせいで、自分自身の心や魂、身体、感情の健康が犠牲になっているというのに。

具体例を挙げましょう。自然な欲求に基づいてクッキーへ手を伸ばし、太りたくないと思ってつかみかけた手を止める。このとき、その人は脳を「ショート」させています。脳は不安を生み出す〈トカゲ脳〉、感情を処理する大脳辺縁系、高次の思考を司る大脳新皮質が一体となって、数多くの〝声〟が関与する複雑で繊細なシステムを築きあげています。複雑なシステムにおいてはスムーズな流れが重要です。ところがショートさせられた脳ではその流れが止まり、食べなかったクッキーのことが意識のうえでも、無意識下でもグルグルと頭の中を駆け巡り、脳のエネルギーを食い潰します。

不安も同じです。〈不安〉があらわれると、会社は〈コントロール〉を使い、〈不安〉の登場を食い止めようとして仕事の流れをショートさせ、同時に感情のシステムもショートさせます。

ご近所に向かって叫びたいけどやめたとき、泣き出したいのをぐっとこらえたときにも、同じことが起こっているのです。

ところが、途中で遮断された感情のエネルギーは消えてなくなるわけではなく、どこか別の場所へ振り向けなくてはなりません。感情を味わうのは身体だから、宙ぶらりんになった気持ちはいったん身体（地下）にストックされます。

抑圧された不安のエネルギーをせき止めたしわ寄せは身体に来ます。血管が詰まったら体内の別のシステムに影響が出るのと同じで、感情が詰まり、流れが滞ると、呼吸が浅くなり、筋肉がこわばり、金縛りにあったように感じます。詰まりを取り除こうとアドレナリンが分泌される場合もあって、とにかく逃げ出したい気持ちが膨れあがります。戦いたいと思ってもできず、そのうちにエネルギーはどんどんたまっていって、やがて身体と中枢神経のシステムの限界が訪れ、最後はすべてをいっぺんに吹き飛ばします。

風船を思い浮かべてください。空気を入れれば風船はどんどん膨らんで、やがてバン！　こうして人は感情に支配され、ひどいときにはパニックを起こすわけです。

しかし、それを不安や怒り、悲しみのせいにするのは間違いです。感情は風船を満たす単なる空気。それを責めるのはフェアではありません。問題はエネルギーを風船に閉じ込めたことにあります。不安が生まれ、頂点に達し、和らいでいく過程を一から十まで、何度も何度も味わうのはイヤだと思うから、風船は破裂する。感情を切り捨てるというのはそういうことです。

人がほかの何よりも不安に呑み込まれる理由はそこにあります。**不安は不安であって、本来は支配的なものではありません。ところが不安に勝ち目のない戦いを挑むと、その力は支配的なものになります。**どんどん膨らむ風船を押さえつけようとするのは圧倒的に無理のあることで、やがて風船は破裂します。

こうした事態に陥らないためには、あらわれた感情を上昇からピーク、減少までフルに、大切に味わうことです。常に扉を開いておけば、感情に呑み込まれることはないのです。

不安を押さえつけているサイン

感情を抱くのは健全なことです。悲しければ泣き、怒って当然の場面では怒り、怖かったら不安を感じる。それが、押さえつけられていない感情というものです。

ところがあなたの知り合いにも、きっと昼ドラの登場人物のような「情緒不安定」な人がいるはずです。まわりから指をさされて「あの子は感情を抑えられないから。いっつも感情的で、付き合ってられない」と言われるタイプ。実は、このような極端な感情の起伏は、その人が不安を（あるいは怒りや悲しみを）押さえつけていることの紛れもないサインです。

では、見分け方はあるのでしょうか。簡単な話で、本人が受けとめていない不健全な感情は、次の形であらわれます。

↓　感じても心が動かず、はっきりとした実感がない。かわりにひどい気分だけがある。
↓　感じたくないと思ったり、抵抗を覚えたりする。
↓　感じたことを謝ったり、恥ずかしく思ったりする。
↓　その気持ちをほかの人やもののせいにする。

↓　誰かの、あるいはその感情の犠牲になったように感じる。
↓　不合理で場違いな極端な感情を抱く。
↓　感じたことが問題に思える。なんらかの精神疾患や、不安症の形であらわれる。
↓　変なタイミングで感じる。
↓　そう感じた自分がすごく未熟で幼稚に思える。

おもしろいのは最後の一つです。子どもが母親から「怖くなんてないのよ」と言われ、地下室に〈不安〉を閉じ込めるのは、だいたい4歳くらいのころ。そうやって4歳のころに閉じ込められた〈不安〉は、きちんと成長し、大人になる機会を奪われているので、4歳児レベルのコミュニケーション技術しか持ち合わせていません。

つまり、**あなたという会社を密かに動かしているのは、怒りや悲しみ、不安、ストレスといった、誤解され、虐げられてきた「不愉快な」4歳の子どもなのです。**その子の性格はわかりませんが、非常に情緒不安定なのは間違いないでしょう。

だから私は、子どもみたいにかんしゃくを起こす男性を見ると、ずっと不安を抑え込んできたんだなと思います。すぐに泣く女性もそう。賭けてもいいですが、泣いてしまう自分がイヤで、だけどどうすれば直るのかわからずにいるはずです。そうなる理由は、感情といい関係を築けず、悲しみを（そして不安や怒りを）抑えてばかりいるからです。

忘れないでください。あなたが感じる気持ちはあなたが地下室に閉じ込めている感情、あなたの行動は彼らの行動です。〈悲しみ〉は、暗く冷たい地下室に閉じ込めることで、とても悲しい存在になるのです。

抑圧した不安のあらわれ方

では、抑圧された不安感情のあらわれ方を細かく見ていきましょう。その形は人によってさまざまで、非常に込み入っています。自分がなぜそんな行動を取ったのかがまったくわからない人もいるでしょう。ですがそんな状況はもうおしまいです。やっとここまで来ました。これからお話しすることこそ、あなたの人生に生じた問題の原因です。

① 自己を規定する

地上には75億の人間がいますが、その全員が共通して求めるものがあります。それは、まわりからの評価や話し相手、愛情、理解、配慮などです。大きく言えば、人は社会の一員として歓迎されたいと思っています。

それは、人間という企業を構成する1万人の社員も同じです。〈不安〉も同じです。

だからこそ、多くの人が「自分を愛してあげましょう」と口にする。それは自分のすべてを愛そうということです。自分を愛すと言いながら「ただし不安は除く」と条件を付けたら、すべてを愛してることにはなりません。でも、それが普通だと思っていませんか？

もちろん、普通ではありません。それはおかしなことです。

人生で何より大切な付き合いは、自分自身との付き合いです。そこに皮肉があります。**細胞レベルで一緒にいる不安を愛さなければ、自分を丸ごと愛せるはずがありません。**

不安とどんな付き合い方をしているのであれ、不安が人間の核である以上、それは自分自身との付き合い方と同義です。


不安に対して傲慢に振る舞うなら、それは自分に傲慢に振る舞っているのと同じ。

不安をいじめているなら、それは自分をいじめているということ。

不安を憎んでいるなら、自らを憎んでいる。

不安から逃げるのは、本当の自分から目をそむけ、自分自身から逃げること。


わかってきましたか？　不安という、人間の欠くべからざる部分との向き合い方は、自分とどう向き合うかということなのです。

② 他者を規定する

不安と戦おうとすれば、自分自身だけでなく、人生の本質とも戦う羽目になります。その先に待っているのは確実な敗北です。

敗北は自信を打ち砕きます。失敗続きだと気づかず同じ間違いを繰り返していると、状況はさらに悪化します。

自己嫌悪が膨らむと、やがてそれは世界への嫌悪感に変わります。自分が不完全で間違った存在だと思いたくないから、やがて世界やほかの人が不完全で間違っていると思うようになります。よく言うように、自分を愛せない人は他人も愛せません。

そうやって不安を抑え込んで自分に負担を強いていると、今度は世界とほかの人に負担を強いるようになり、場合によっては傷つけるようになります。

すると、次のような特徴があらわれます。

↓ 不安をコントロールする能力次第で、自信がついたり失ったりする。

↓ 不安をコントロールできていると気分が良くなり、できないと自分に嫌気がさす。

↓ もちろん、不安をコントロールする試みが常にうまくいくはずもなく、いずれ必ず失敗する。

↓　失敗すると「自分は不安だ」が「自分には価値がない、自分は欠陥品だ」に変換される。
↓　やがて「こんなはずではない」と思うようになる。

「こんなはずではなかった」からは道が二つに分岐します。自分の理想を突き詰めるパターンと、自分を責めるパターン。どちらも最後は、悪いのは周囲だという考え方しかできなくなります。

前者の、理想を突き詰めるパターンは次のような行動にでます。

↓　いっそう熱心に不安を克服しようとする。
↓　〈意志〉や〈決意〉にはっぱをかけ、脳や〈コントロール〉を鍛え、気合いを入れようとする。
↓　結果、さらに不安の思い通りになる。表面的には不安を感じなくなったことに喜び、常に緊張を保ちながら、ありとあらゆる手段で緊張の糸を丈夫なものにしようとする。
↓　それがうまくいくと、自尊心がうずきだす。すごい！　やってやった！　自分は優れた人間だと思い込み、ほかの人、特に不安を感じている人を見下すようになる。「自分はコントロールしたのに、そんなこともできないのか」。そして弱くて、愚かで、劣っているとみなす。自分が正しいのだから、まわりが間違っていると思う。

↓

そして思いやりを失い、他人にいら立ち、ほかの人の欠点を過剰に気にするようになる。

↓

自分が救ってやらなくてはと思う場合もある。まわりを哀れに思い、自分のようになれるよう、指導してやらなくてはと思い込む。

↓

一方、自分を責めるパターンの人はこんな行動を取ります。

↓

「また不安を感じたらどうしよう」と心配する。なんて恥ずかしい！　自分の悪いところを感じたり、表に出しちゃうなんて、あんな不愉快な気分にはもう耐えられない！

↓

不安のコントロールにまた失敗するのではという不安に耐えかね、リスクのあることは何もしないという極端な手段に走る。

↓

自分のやり方を真似しない限り、ほかの人も不安から逃れられないと思い込む。リスクを取りたくないという思いは、ほかの人の行動も逐一コントロールしなくてはという考えを生む。社交的な人にも、閉じこもることを強制する。

↓

本来の自分からかけ離れた、恥ずかしい人間に思えてくる。できないことでがんじが

らめになった変人だと思うようになる。そして「こんなのは自分ではない。望んでいた姿ではない」と極端な自己評価を下す。

↓ その考え方をまわりにも当てはめる。「そんなのあなたらしくない」

どちらの場合でも、閉鎖的で他人のせいにしがちな性格になる点は一緒です。その結果、まわりから孤立し、権力争いをし、ほかの人をうまく愛せなくなります。

複雑に思えるかもしれませんが、その通り。不安自体は実にシンプルですが、抑圧された不安と、あなたという会社の深いところ、つまり無意識の世界に生じる混乱は、常に複雑なものなのです。

③ 誰かを責める

不安を感じるのは悪いことだと決めつけ、不安をコントロールしようと思うと、人は泥沼にはまっていきます。うまくいかず、自分を責めるのもイヤなので、まわりのあらゆる人やものを責めるようになります。

そして、自分が苦しんでいるのは世界のせいで、世界が自分を「敵視」していて、悪いのはまわりだと信じ込むようになります。

こういった思考回路の人がどんな行動を取るか。いくつか例を挙げましょう。

↓心の奥底で怖れているのがセラピーやスキーなら、くだらないとか時間と金の無駄だと言い出す。自分は悪くない。悪いのはあれだ。

↓心の奥底で怖れているのが拒絶されることの場合は、拒絶された相手に悪者とかばか野郎のレッテルを貼る。悪いのはこっちじゃない。あいつだ。

↓仕事を失ったのなら、選んだ職種や会社、業界が間違っていると非難する。自分はおかしくない。業界がおかしいんだ。

↓離婚したのなら、やってしまった、関係を壊してしまったという不安と向き合うのではなく、こう言い張る。自分は悪くない。そもそも結婚したのが間違いだったんだ。二度と結婚なんてするもんか。あるいは、相手のせいにする。

そうやって、自分が引き受けたくない不安をほかの人や生き物、システム、ものに転嫁するようになります。

もちろん、恋愛も例外ではありません。恋に落ちれば、誰の心にも、恋に破れることへの強烈な不安が必ず生まれます。その不安を押さえつけ、目をそむけようとすると、不安は密かに関係をむしばみ始めます。抑圧された破局への不安は、相手への要求や高圧的な態度、心の壁、幼稚な怒り、主導権争い、追及、非難といった形であらわれ、やがて疎外感や被害者意識、責任転嫁、自己弁護といった感情を抱くようになります。どれもシンプルで普遍的な真実、「別れるのが怖い」「ひとりになるのが怖い」という気持ちから逃げているのが原因です。

自分をうまく愛せない人は、他人もうまく愛せません。**自分の中の悪い〝声〟を虐待している人は、まわりも虐待します。**「虐待」は強い言葉ですが、このケースにふさわしくないとは思いません。ほかの人の人生を自分の抑圧された感情や苦しさのはけ口にし、自分の行動を他人のせいにするのは、立派な虐待です。

もちろん、すべての人やものが虐待の対象になるわけではありません。主導権争いの対象になるのは一部で、そして何が対象になるかは人それぞれです。

争っている本人には、抑圧された不安と行動との相関関係があまり見えていませんが、関係は確実にあります。

④　思考を乗っ取られる

不安はなぜ会社全体を支配できるのでしょうか。答えは簡単で、〈怒り〉をはじめとする社内の影なる〝声〟が自分の手駒だからです。〈不安〉の手口は巧みで、会社は支配されていることにも、〝声〟たちの暗躍にも気づきません。それでも、〈不安〉は地下室から「すべて」を操ります。〈思考〉も例外ではありません。

ここで会社の問題児である〈思考〉がまた出てきました。会社の表のＣＥＯです。

〈不安〉は、相棒の〈怒り〉と協力しながら、驚異の手腕で全社員を掌握します。〈不安〉は、CEOの仕事を乗っ取りさえすればあとは勝手に事が進むとわかっています。〈思考〉に取って代われれば、意見やストーリー、アイデア、思い込みを使って自分の目的を正当化する証拠を作り出せるからです。

たとえば、拒絶される不安を受け入れない人は会う人誰もが自分を否定しているように感じます。「こいつはノーと言った！　これ以上なく明白じゃないか！」。そうやって、自分の思い込みを正当化する証拠を作り出していくわけです。

〈不安〉は、支配下に置いた〈思考〉（非常に頭の切れる人物）の力を使い、自身の主張を裏付ける証拠を集め、こう言います。お前は醜い、愚か者だ、ご近所はくずだ、妻は浮気をしている、世界はひどいところだ……。こういったストーリーや意見がどんどん生み出されます。なぜなら、〈思考〉はあらゆる体験のプリズムで、そこにはどんな主張も裏付けられる証拠が集まってくるからです。それを使って〈怒り〉と〈不安〉は繰り返し自分の意見を訴え、そして会社には、それが実に真っ当な意見に思えます。

感情の押さえつけ方が強いほど、生まれてくるストーリーも過激になります。もっと嫉妬深くなれという巨大で正当化されたストーリーの裏には、ほぼ間違いなく、抑圧された不安と、それに協力する抑圧された嫉妬心と怒りがあります。こうなると厄介で、本来は「何かおかしい」と警告し、「パートナーとの絆を確かめ直して、必要なら何かを変えるべきかも」と助言する聡明で思慮深いツールのはずの嫉妬心が、突如として別のものにかわります。そしてあなたは叫び、ストーカー行為を働き、執拗に証拠を探し、相手を非難し、夜も眠れず、不安とストレスに苛まれ、本当の自分からかけ離れていくのです。

これは極端なケースですが、**〈不安〉を地下室に閉じ込めると、会社の社員はひとりたりとも自分の本来の仕事ができなくなります。**全員の、何よりも〈思考〉の仕事が乗っ取られます。影なる〝声〟は歳月とともにどんどんひねくれ、巧妙になっていきます。〈怒り〉が（不安を含めた）いろいろな社員の手助けをし、〈ストーリーテラー〉が嘘とも本当ともつかない歪んだストーリーをひねり出します。〈思考〉は状況を打破しようとしますが、自分が問題の一端だということは見えていません。一方で〈コントロール〉は、昼も夜もなくぶっとおしで働かされ、疲れ果てています。

そうやって、身体の中に腐った臭いのする食べ物がどんどんたまっていきます。食べ物は溶けて一体化し、気味の悪い巨大なゲル状の物体と化していきます。そのすべての元凶が、感情というシンプルで大切なものを認めないことにあるのです。

Episode
プロのスキーヤーになって数年がたった26歳のころ、スポンサーの一つであるニコンが毎年7月に行っている販売会議で、不安をテーマに30分の講演をしてほしいと依頼してきました。やった、と思った私は、撮ったばかりのスキー映画の映像を見せ、それから不安をコントロールする方法について話そうと決めました。不安について話すということは、要するに不安の抑え方を話せばいい。楽勝じゃない。

あまりにも当たり前だったので、どんな講演にするかなんて少しも考えませんでした。私はあのクリステン、恐れ知らずの女よ。不安をコントロールする方法くらい、もちろんわかってる。それをしゃべればいいだけでしょ。

それから会議までの2週間というもの、私は友だち2人と毎晩徹夜で遊び通しました。寝るのは明るくなってからで、人生最高の2週間でした。

徹夜13日目の夜が終わり、飛行機に乗らなくてはならない最後の朝になっても、私の頭にはまだ、その晩の講演のことはありませんでした。

飛行機のうしろのほうに三つの座席を確保していた私は、機体の心地よいうなりにも助けられ、あっという間に深い眠りに落ちました。ところがわずか10分後、お腹のあたりに鈍い感触があって、私は目を覚ましました。不安がこう叫んでいました。やばいどうしよう映像持ってくるの忘れちゃった。

そう、あろうことか、講演の要である映像を置いてきてしまったのです。担当者は会場にスクリーンを用意し、謝礼もたっぷり払っている。その見返りに私がやるのは、

1年でたった1回しゃべることだけ。それなのに映像を忘れた？　吐きそうな気分でした。

不安と恥辱の24時間を経て、ニコンは私のスピーチを次の日に変更し、映像を送り届ける深夜便の配送料を払ってくれました。新たなスケジュールでは、私はスピーチで生計を立てているプロの講演者の次に話すことになりました。すごくいい講演でした。私はそばで魅惑のテクニックを目の当たりにしながら、何を話すかも決めないまま、ストレスたっぷりの24時間に疲れ果てた状態で出番を待っていました。すると突然、自分が不安について何をしゃべればいいかまったくわからないことに気づきました。

前の人が万雷の拍手を浴びる中、ついに私の名前が紹介されました。私はステージに出ました。震え、まぶしくて何も見えないまま、私はモゴモゴと、映像を持ってきているのでそれをお見せしますと言いました。映像が流れ、5分して終わり、明かりがまたつきました。立ちつくす私は、集まった人たちを見つめました。

喉がからからに渇いていて、言葉が出てきませんでした。不安について話す予定の怖れ知らずの戦士は、ぼけっと突っ立ち、打ち上げられた魚みたいに口をぱくぱくさせていました。

私にできたのは、声にもならないか細い雑音を発することだけでした。

⑤ 夜眠れなくなる

脳が急に何かを思い出して夜中に目が覚め、不安が高まり、二度と寝付けなくなった経験はありませんか？　そんなときは、ほぼ間違いなく〈思考〉が乗っ取りを受けています。言った通り、〈不安〉は眠りません。そしてあなたが警戒を緩める時間帯は、〈不安〉が自由へのドライブに乗り出す絶好のタイミングです。

おもしろいのは、睡眠の専門家の助言です。曰く、風水を使って眠りの環境を整えなさい（不安を鎮める平穏な状況を作り出す）。ひとまず起きて何か行動し、リラックスしなさい（不安を脇へ置き、かわりに心を落ち着ける）。瞑想しなさい（静かな心で深呼吸すれば、不安は消えてなくなる）。向精神薬（感情を抑えるための薬）を飲みなさい。認知行動療法を試しなさい（頭をリセットし、同時に不安もリセットする）。睡眠薬を飲みなさい。そうすればあらゆるものをシャットアウトできるでしょう。

こうした「不安を捨てよ」式のやり方は、確かに多少は寝付きを良くします。だから多くの人がうまくいったと思い、眠れないときには何度も試します。それでも、これは抑圧された不安への対症療法でしかありません。一時的に症状を隠しているだけにすぎず、裏で根本的な原因は間違いなく深刻化しています。

原因を取り除きたいなら、起きているあいだに不安を感じ、体感することです。夜のあいだに対処しなくてもよくすることです。もっといいのは、夜の闇にこだますするクレイジーな声に正面から向き合い、いいお母さんがするように、何が言いたいのと優しく聞いてあげることです。

⑥　ストレスをため込む

これは、特に現代社会では大きな問題になっています。確実なのは、〈ストレス〉という社員が錯乱状態に陥っていることです。過剰なストレスの原因は、100パーセント、抑圧された不安です。とても大事なことなので、もう一度言いましょう。**過剰なストレスは、100パーセント、抑圧された不安から生じます。**

もう少し説明しましょう。ストレスの正体は不安です。男性は、そのことをあまり認めようとしません。恥ずかしいのでしょう。女性のほうがはっきり認める傾向にあり、中には神経過敏だと言う人もいますが、それは勘違い。正体は不安、もっと言うなら不安によるコミュニケーション、不安がしゃべる言葉です。不安はストレスの言葉を使ってしゃべります。不快な感覚を言語がわりに使い、本人の注意を引こうとします。

もうおわかりの通り、地下室に押し込めた〈不安〉は怯え、さらにかつてないストレスを感じています。だから外とコミュニケーションを取ろうと、普通のストレスではなく、過剰なストレスを使います。不安は地下からこう叫んでいます。「私に気づいて！」

すると、地下に〈不安〉を押し込めたことで異常なストレスが走った会社は、〈不安〉のメッセンジャーでもある〈ストレス〉も地下室送りにします。そして、ますますおかしくなっていきます。

でも、少し想像してみてください。ストレスのない人生を。つまらないと思いませんか？

あなたは、完全なる心の平穏を手に入れ、ストレスから完全に解放されたとのたまう人に会ったことがあるかもしれません。でも、それは本当でしょうか。

ストレスは自然な感情というだけでなく、生きていくうえで必要なものでもあります。ストレスがなければ、人生は退屈な、薄味の、浮き沈みがなくて生きている実感に乏しい、ぼんやりしたものになります。人類の進歩のきっかけ、私たちを突き動かす原動力が消えるのですから。

ストレスが小さすぎて困ると言う人もいますが、これは少数派で、さしあたっては強すぎるストレスのほうが大きな問題です。

ストレスの症状を和らげるために、私たちはいろいろなリラックスのテクニックを覚えます。深呼吸したり、いまを生きることに集中したり、笑ったり、踊ったり、瞑想したり。不安の専門家には、シンプルな人生を送ろうと言う人もいます。どれもストレスが大いに軽くなったように感じるすばらしいやり方です。表面上は。

いま言ったリラックス法をもう一度見返してみてください。気づきましたか？

そう、〈コントロール〉が〈ストレス〉のようなネガティブな〝声〟を抑えるのに使っているのが、まさにそうしたテクニックなのです。つまり**心の奥底では、リラックス法のせいでストレスは悪化しています。**いまは感じないだけで、いずれ必ず実感するようになります。

リラックス法のもう一つの問題は、症状が軽くなるので、根本的な原因にわざわざ対処しようという気が薄れることです。毎日感じる痛みが、痛み止めを飲むだけでごまかせるものだったら、痛みの原因に目を向ける気にはなりませんよね。ですが痛み止めは症状を軽くしているだけで、原因にはまったくのノータッチ。それでは意味がありません。痛みの原因を突き止め、問題（抑圧された不安などの予想外の問題）を解決し、痛みがぶり返したときに備えて痛み止めを常備しておく。そのほうがはるかに効果的です。

もう一つの方法、つまりシンプルな人生を送ろうというアドバイスも厄介です。やることを減らすには、取捨選択をしなければなりません。人生に必要なことだけをやっていても、お腹のあたりのむずむずは消えない。そうやって夢にふたをしていて、本当にむずむずは治まるのでしょうか。

その逆に、いますぐあれをやりたいと思い立ち、そのためのエネルギーをみなぎらせるのはダメなのでしょうか。世界は驚異に満ちていて、体験する価値のあることがたくさんあります。たいていの人は、自分が生きた証を残したいと考えます。それなのに、取捨選択を強いられるのは悲しいことだと思いませんか？
別の選択肢があることに気づいたでしょうか。つまり、ただ症状を治すだけでなく、裏にある本当の問題にきちんと対処し、修正するということを。

具体的に言いましょう。〈ストレス〉が異常に活動的になるのは、〈コントロール〉が完全にコントロール不能になったものをコントロールしようとする、あるいは解決できない「問題」（たいていは不安がこれにあたる）を解決しようとするからです。私たちは不安をコントロールし、「解決」しようとして、ストレスをため込みます。不安を鎮めようとするのは、火山の噴火を止めようとするようなものです。

こんなときは逆の手順を踏みましょう。つまりうしろから順番に、コントロールできないと認め、落ち着き、問題を解決する。そうすればリラックスできます。

問題はストレスと不安ではありません。**本当の問題は、問題をコントロールして「解決」しようとする行為にあります**。不安は病巣で、ストレスと不安は取り除くべき不自然なものだと思い込んでいる限り、不安とストレスでがんじがらめの状態を抜け出すことはできません。

⑦　精神に変調をきたす

体内のシステムに居残った、本人には無自覚の不安のエネルギーは、出口を求めてさまよい、言い知れぬ不安や過剰なストレス、そして心の歪みを引き起こします。そして自分自身や他者との関係に劇的な影響を及ぼします。

最悪の場合、その人の世界そのものが呑み込まれてしまうこともあります。話した通り、戦いが激しさを増すほど、爆発の規模も大きくなります。戦いを続けていれば、システムが壊滅するレベルにまでエスカレートすることもあります。その結果、感情を正常に感じ取ることができなくなり、精神病や妄想に苦しみ、場合によっては治療が不可能なほど悪化します。そこまでくると、自分は何者かという真実をめぐる戦いが人生のすべてになります。勝てる見込みのない戦争の結果に命がかかってくるのです。

うつを考えてみましょう。うつを意味する英語「Depression」は、「押しつぶす」という意味のラテン語から来ています。**感情をぎゅっと押しつぶし、感情を完全に否定した結果、うつになるわけです。** 地下室の声を押さえつけると、その人自身も押さえつけられることになります。小さいころから症状があったという人は、両親や両親の両親、そのまた前の世代も、ずっと感情を味わうことを拒んできたタイプの可能性が高いと言えます。

抗うつ剤を使うという治療法は、心の奥深く、地下室よりもずっと深い穴に感情を埋めることです。そのおかげで生き延びたり、場合によっては元気になったりするかもしれませんが、代償がないわけではありません。

代償の一つが、心のまひです。現代のロボトミー手術と言ってもいいでしょう。薬を飲むと、物足りなさを感じます。「うちの社員はいったいどこへ行った？」。あるいは感情がまひして、やる気が起こらなくなります。**そうやって薬で感情の〝声〟を避け、黙らせてばかりいると、本当の自分がどんどん遠ざかっていくように感じます。**何しろ人間は1万人の社員からなる企業で、たった5、6人の会社ではないのです。

異論もあるでしょう。ネガティブな感情は絶対に異常だと結論づけ、生涯をかけて戦争を続けている人にとって、薬で感情を抑えるやり方はある程度の支えになるでしょう。それはよくわかりますし、そういう方に薬をやめろとは言えません。ですが、別の選択肢もあります。どんなものにも、常に選択肢は複数存在します。

「はじめに」で紹介したジャケッタは、境界性パーソナリティー障害だという診断を受けました。ここでは、彼女がどんな戦いをしてきたかを本人に語ってもらいましょう。

Episode

私は20代で、まだ学生でした。博士課程へ進む特待生です。でも、自分に対するネガティブな思いをたくさん抱えていました。自分の考えや気持ちが嫌いでした。そしてじっくり考えてみると、実際にどうしようもない人間だという結論に至りました。だから自殺を考えるようになりました。

カミソリでリストカットをしました。自分がまずい状況にあるのはわかっていたので、評判の精神科医に助けを求めました。心の健康が失われ、銃を買いました。理性がか細い声で「銃を置きなさい」と言ったので、言う通りにしました。抗うつ剤をたくさん飲みました。精神病院に入って、そこでいいお医者さんに会いました。施設の人たちは親身になって、本当に良くしてくれました。でも、みんながしてくれたことは、絆創膏程度の効果しかありませんでした。長いあいだセラピーを受け、治療を続けていたのに、危ないほうへどんどん転がり落ちていきました。

もっとはっきり自殺を試みて、本当に死にかけました。施設へ戻されました。自殺は違法だということで、学校も退学になりました。境界性パーソナリティー障害という診断が、法的書類に正式に記載された事実になったわけです。診断の意味は理解していました。つまり、症状が改善することは絶対にない。このまま死ぬまで薬に頼りながら、入退院を繰り返すんだろうなと覚悟しました。

それから10年あまり、つらい時期とそうでない時期を行ったり来たりしました。仕事はずっとしていて、クビにはなりませんでしたが、（当時は自覚はなかったけど）怖くなったときは辞めて逃げ出しました。自分が世界一の負け犬だと完全に信じ込んでいました。

セラピーは続けました。感情を制御し、物事をコントロールする必要があると言われました。薬を飲むと気分が楽になりました。

自分が誰にも見えないところに隠された気がしました。覆いをかけられ、否定され、閉じ込められていると。でも鍵を開けることはできませんでした。

15年のあいだ、自分の力で生きました。どうにかこうにかやっていました。友だちを遠ざけても、ときどきは許してもらえました。いつもではないですけど。仕事も続けました。

それが5年前、壁にぶつかりました。限界が来たんです。劇的な感覚ではありませんでした。前兆や、これといった出来事もありませんでした。ただ、出口が見えないことに疲れてしまった。51歳だし、もう終わらせよう。静かにそう思いました。自殺の計画を立てました。遺書を書き直しました。シンプルに、効率的に、急がず。計画の一つが、最後にスキーへ行くことでした。あともう一冬だけ。もう……一冬……だけ。

インターネットでクリステンと知り合ったのは、本当に偶然でした。しばらくして話すようになりました。クリステン宛のメールに書いた最初の言葉は「私の人生は不安に支配されている」でした。自分がこれからどんな治療をするのか、見当もつきませんでした。

彼女にはしばらく秘密にしていましたが、私は例の計画を、解放されるための「セーフティーネット」としてずっと持っていました。過去の治療法がどれもそうだったように、今回も失敗すると思っていました。いつも失敗していたからです。

　クリステンのやり方は、私にとってまったく新しいものでした。まったくの手探りで、避けることも、逃げる口実を考えることもできませんでした。私はあの手この手で、何回もやめようとしました。でもそのたびに戻ってきました。新しいものを感じたし、あきらめきれなかったからです。良くなった……ように感じました。「ひどい」気分のときも、その感覚をうまく受けとめられるようになったんです。感情はおもしろく、のめり込めるものでした。

　興味の対象としての感情。きょうはどれが出てくるんだろう？　思考が必ずしも正しいわけではないと知りました。正しいのは……本当に正しく、そして信じられるのは感覚でした。感覚について思考するという行為には注意が必要です。

　私という人間の基礎は、昔から科学にありました。構造。厳密さ。結果の再現。感覚や、感じるがままに任せることなんて、なんの役にも立たないと思っていました。物事は掘り下げなければならない。課題は克服しなければならない。それが私の人生観でした。人は考え抜かなくてはならない。人間の知性があれば、すべてのことに答えが出せる。

　その考えは間違いでした。いまの私は身体、つまり感情を味わう場所が出発点です。いつもそこへ立ち戻ります。

あれから4年がたちました。人生は好転しました。仕事の人間関係は改善しました。プライベートの関係も改善しました。不安と怒りは最高のダンスパートナーです。

いまもつらいことはあります。でも、おもしろいことのほうが増えました。その……楽しくないときもです。私はずっと、あきらめてばかり、逃げてばかりの人生を送ってきました。いまでも不安に向き合うとときどきは気が遠くなったり、身体が凍りついたようになります。でも、いつもではありません。以前とは変わりました。不安を感じ、不安に歩み寄る。そうすることで、生きる余裕がだいぶできました。いろんなことができるようになりました。友だちは気づいています。私も、自分の内面世界が広がり、外の現実世界もずいぶん広がったのを実感しています。

クリステンは私の命を救ったわけではありません。彼女は道を示し、別の方法を試す機会をくれた。私がやっていたのは、技法と技術の習得でした。自分にとって悲しい、悲惨なことをするのではなくて、技術の習得に励んだ。感情を丸ごと味わうことを自分に許してあげる。それは、大いなる光と美を採り入れるのを許してあげることです。この道は色と光、暗闇、そして手ざわりに満ちています。彼女と出会うまで、そんなものがあるなんて知らなかった。だから最後まで行ってみたくなった。感じることを学びたかった。

すべてを味わいたかったんです。

⑧　ＰＴＳＤ

これは非常にデリケートなテーマで、というのは、これからエクストリームスポーツ（究極の楽しみだとされるもの）が原因のＰＴＳＤと、戦争（魂を破壊する恐ろしいもの）が原因のＰＴＳＤを比較しますが、そのことを快く思わない人がいるかもしれないからです。そんなわけで、両者の明確な違いには敏感でありたいと思っています。

コラムニストのデイヴィッド・ブルックスは、『ニューヨーク・タイムズ』紙でこう書いています。「これまでのＰＴＳＤに関する議論は、不安と不安の克服法がテーマであることがほとんどだった」。ＰＴＳＤを解決するには不安を克服することだという、この種の間違ったアドバイスには腹が立ちます。実際にＰＴＳＤにかかったことのある私に言わせれば、不安の克服はＰＴＳＤの「原因」です。もっと具体的に言えば、不安を感じようとしない姿勢が、ＰＴＳＤの原因です。そうした**感じられなかった不安が心と身体にとっての石になり、どんどん人を重くしていく**のです。

誰もが、その石をよく見てみることを非常に怖がります。特にすさまじいトラウマになる経験をした兵士はそうで、彼らは石を、ひとたび目を向ければ転がりだして行く手のすべてをなぎ払う危険極まりないものだと思っています。確かに、幼いころから不安を感じるのをかたくなに避けてきた人、あるいは不安を怒りで表現し続けてきた人にとってはその通りでしょう。私はしばらく前から、戦争で負傷し、PTSDに苦しむ兵士に心を寄せています。彼らを助けたいと思うし、多少のコメントができるくらいには、その世界を勉強しました。もちろん、スポーツと戦争がまったく別ものだというのはわかっているので、敬意を払いながら話を進めます。

プロのエクストリームスポーツの選手と、プロの兵士の出発点は似ています。つまり、どちらも命やキャリアの危険の非常に大きい契約に自らサインします。そして、終着点も似ています。そう、一生治らない怪我か、PTSDです。違うのはあいだの経験で、これはまったく異なっています。

それでも、不安について教え、不安を感じることを勧める人間として、エクストリームスポーツの選手の現実と兵士の現実は、最終的には重なることが多いと思っています。その現実とは苦しみです。

苦しみは、どこからやってきたものでも、苦しみに変わりはありません。

残念ながら、感情の感じ方は学校では教えてもらえません。そして軍隊では、はっきりストイックになれと教えられます。無表情で立つ兵士と、その顔に怒鳴り声をぶつける訓練担当の軍曹という画《え》は、忘れようにも忘れられません。抑え込め、抑え込め、抑え込め。そうした訓練を積み、兵士は実戦に備えます。

ええ、わかります。そのやり方は正しい。そうでなければ、戦場での命の危険は増すに違いありません。

エクストリームスポーツも同じです。上官はいなくても、不安を抑え込むのが基本なのは一緒です。そしてこちらも効きます。私にもしばらくのあいだは効きました。

それでも、**軍でのキャリア、エクストリームスポーツのキャリアの最後には、多くの兵士と選手が苦しむようになります**。彼らは友人がひどい怪我をしたり、命を落としたりする場面を多く目にします。戦いの高揚感が忘れられない人もいれば、慢性的な傷の痛みに悩まされる人も、極限の不安の中で生き、アドレナリンが出続けていたせいで、副腎が疲弊してしまう人もいます。ライオンに追いかけられているか、撃たれているか、毎日のように崖から飛び降りているかの違いは、身体にはわかりません。

生き甲斐を失って、心が死んだように感じ、うつになる人もいます。それから、ＰＴＳＤにかかる人もいます。私はかかりました。たぶん、だから負傷した兵士に手を差し伸べたいと思ったのでしょう。

それでも「感情的知性」、つまり感情を健全かつ生産的な形で体験し、感じる能力を学校や軍隊で教えれば、ＰＴＳＤにかかる人はいなくなるのではないかと思います。

うつになる人や乱射事件を起こす人、精神疾患にかかる人も激減するはずです。

⑨ 死んだように感じる

ミュージシャンのボビー・ブラウンは、娘さんを亡くした際、こう言いました。「心が完全にまひした」。

これは特別なことではありません。悲劇に遭遇した人は、たいてい心がまひします。つらい状況で感情と向き合わなくていいようにするには、感情を押さえつけるのが手です。その結果として何が起こるかは、すでにいくつか紹介してきました。

そのリストに、もう一つ項目を付け加えさせてください。「心がまひしたと言い、内なる声を聞かないようにすることに時間を費やしていると、心が元に戻らなくなる」。不安を感じないのが当たり前になり、やがて何かを感じる能力が完全に凍結される。**今日心がまひするのは、一生そうなるのと同義です。**

気持ちを押し殺して生きるのもいいでしょう。不安をはじめとする感情を否定したからといって、表を歩いたり、大きな成功を収めたりできないわけではありません。ただ、それには代償がともないます。

これから言うことを、あなたも考えてみてください。私は先日、500人の人にこんな質問をしました。「幸せと生きている実感、どちらかを選べと言われたら、どちらを感じたいですか?」と。すると499人が「生きている実感」だと答えました。「幸せ」は生きている実感の中にあるからでしょう。しかし、理由はそれだけではありません。人は誰しも生き甲斐を求めます。生き甲斐は存在意義と言ってもいい。ところが、〈不安〉や〈怒り〉といった歓迎**されざる5000人の〝声〟を聞くのを嫌がっていると、半分しか生きていない、半分死んだ人間になってしまいます。**

一つの感情だけを選んで抑えることはできません。一つの感情を抑えれば、必ずすべての感情を抑えることになります。不安を遮断し、本物の感情に正面から向き合わなくてもいいよう、高くてぶ厚い壁を築けば、あらゆる感情が遮断されます。喜びも、感謝も、愛情も遮断されるか、弱まるかして、やがては何も感じなくなります。

安全な壁の内側からは、何も感じられないだけでなく、何も見えません。壁の外が見通せないということは、内なる真実、つまり本当の自分も見通せないということです。

その瞬間に感じている気持ちこそが、本当の自分なのだから。

Episode

それから13年後、はじめて参加したネバダ州のバーニングマン祭りからちょうど戻ったところで、私はついに認めました。「まがいものの人生を生きるのはもううんざりだ」。このころの私は、三つの大陸の四つの月刊スキー雑誌でコラムを書き、テレビ番組の司会の仕事が1本あり、スポンサーもたくさんついて、滑りたくないなら滑らなくてもいいという夢の生活を送っていました。それでも、「もううんざりだ」と思ってから20分後、私はメールを書いてみんなに伝えました。「もうやめます」

それまでと同じように、私はその日も仮面をかぶりました。文面は明るく、感謝の言葉がつづられていました。笑顔のマークもありました。

それでも、私が本当に言いたかったのはこうでした。「ではね、おばかさんたち！もう限界。あんたたち全員、もうたくさん。こんなスポーツ大っ嫌い。こんな業界も大っ嫌い。ビッグマウンテンスキーとか危険なスポーツなんて、単なる不安の裏返しじゃない。ほんと見てて哀れ。あんなことする奴なんて、みんな底なしのばか野郎で、まだ生きてるのは単に運がいいだけだわ。そして、私はその中でも最悪の大ばか野郎。自分が恥ずかしい。もうこれ以上は耐えられない。

そうそう、いままでクソみたいな援助を続けてくれて、どうもありがとう」

そうやって、私は少なくとも心の中では仮面を外して、感じるのを拒否してきた事実をやっと認めました。自分はずっと拒絶してきた。けどいったい何を？　何よりも愛していたスキーと、常に敬意をもって接してくれた業界が、アリゲーターや身体をむしばむウイルス、目に突き刺さったフォークのようなひどいものと化したのは、いったいどういうわけなのか？

その3カ月後、私はひとりの禅僧に出会い、その答えを見つけるのです。

⑩ 燃え尽き症候群に陥る

不安の抑圧は、3種類の燃え尽き症候群にもつながります。

1　勝ち目のない戦争に持てるすべてを注ぎ込む

不安を抑え込み、乗り越えようとすると、人生の流れそのものと戦うことになります。流れに逆らって泳ごうとし、泳いで泳いで泳いだ末に疲れきってしまいます。悪い社員を地下室へずっと閉じ込めておくことに大量のエネルギーを費やし、ほかのことに使えるエネルギーが足りなくなってしまいます。

2　本物ではない人生が、やがて破綻する

感情と感覚は車のガソリンのようなもので、人間の創造性と自己表現の原動力になります。感情は、情熱を燃やす唯一の持続可能な燃料です。ほかのもの、たとえば目標へのこだわりとか忍耐とか意志力とかいったものは一時的な燃料にすぎず、感情がなければ目的地まではとてもエネルギーがもちません。

たとえば、親に医者を目指せと言われている子ども。そんなとき、子どもは両親のためを思って、本当の気持ちを無視することさえやってのけます。感覚をコントロールし、乗り越え、あるいはやり過ごし、将来の目標へ至る細い道を必死で描き出します。そして、見事その道を最後まで歩んで医者になる子もいる。やったぞ、と両親は言います。

感情を無視することで、子どもは両親が望む自分になりました。しかし、それで本当の自分とどれだけ親密な関係を築けているでしょうか。そんな人物にどんな未来が待っているでしょうか。

きっと、システムはいずれ破綻するのではないでしょうか。

3　新しいことを何も学べず、燃え尽きてしまう

何かを憎むと、人はその対象から学ぼうという姿勢をなくします。不安にパートナー、結婚、仕事、怒り。対象はなんでも構いません。その人と一緒にいても、いやな仕事を続けていても、そこから教訓を得られなくなったとたん、人は燃え尽きます。

だからこそ、**私は常に、死ぬまで、人生の生徒でありたいと思っています。でなければ、「燃え尽きた教師」になってしまうからです。**空っぽのホースのような、自分の中を水が流れず、内側が干からびた割けやすい存在になってしまうからです。

これが、学ぶのをやめたときに起こることです。

人間の心の栄養、心の火花の動力源になるのは、常に好奇心を持ち、人やスポーツ、結婚、

仕事、そして感情から積極的に学び、成長していく姿勢です。

不安から学ぼうとすれば、必ずつらい思いをするし、不快な気分を味わいはしますが、ずっと生徒でいられるし、蛇口とつながっていられます。そうしておくことで水は流れます。それをやめれば人間は干上がってしまいます。

乾くのは警告になるしいいことだという見方もありますが、これは楽な道ではありません。たとえば現代社会では、体操選手が7歳ですでに燃え尽きるという異常な環境ができています。選手は両親やコーチ、さらには自分自身からも怖れ知らずであることを求められ、本当の気持ちを否定し、結局はひどい事態に見舞われて、やむなく感情に目を向けます。いい演技ができず、怪我をし、治らず、周囲との関係が張り詰め、ばかな大間違いをし、自分の人生、そして自分のスポーツへの憎しみを募らせます。

こうしたプロセスを辿るのは確かに最悪ですが、**同時にこれは、それまでのやり方を改めて正しく成長し始める、つまりやっと不安と向き合うきっかけにもなります。**

変な方向へ向かって生長していた植物も、いずれは必ず光のあるほうへ向かうのと同じです。真実はどこかの時点で顔を出します。誰にでも、感情に立ち戻らなくてはならないときが必ずやってくるのです。

Column

意志とは何か

ここでもう1人、これまでにも何度か名前が出てきた〈意志力〉という別の社員を紹介しましょう。〈コントロール〉の指令を受けて動く〈意志力〉の仕事は、〈不安〉を脅しつけて会社の理想を追求することです。実際、〈意志力〉は役員クラスの強力な社員で、会社の目標達成には一番役立つ社員と考えられています。

ところが残念、成功しか頭にない〈意志力〉は奴隷監督のように振る舞い、ほかの社員のことなどまるで顧みません。〈身体〉を使い捨ての駒と考え、自分が望む行動を取らせようとします。これだけ眠れ、あれを食べて生きろ、そこまで走れ……そうやって資源を食い潰していきます。ほかの社員にも強圧的に接し、たとえば〈怠惰〉や〈抵抗〉の意見も握りつぶします。ほかの社員の声を封殺し、そして予想通りの結末を招きます。

〈意志力〉と〈不安〉が協力し合うことはめったにありません。というより、〈意志力〉はどんな感情も当てにしません。横暴ではありますが、驚いたことにこのやり方は一定期間はうまくいきます。〈意志力〉は「ネガティブ」

な要素を破壊し、会社（あなた）をスターにし、会社が行く手の障害やハードルを避ける手助けをします。長ければそれが10年以上も続きます。

そのあと、すべての崩壊が始まります。

〈意志力〉が会社を長く牛耳ると、必ず悲惨なことが起こります。

⑪ フローが止まる

フロー（流れ）とは何か。詳しくは第12章でお話ししますが、さしあたっては、ホースを流れる水のような、1万の思考と感情だと考えてください。流れやすいのは不安や怒り、悲しみ、喜び、官能といった基本的な感情ですが、それ以外も条件が整えばホースに注がれ、流れ、逆側から出ていきます。人間は絶えず変化する生き物です。どんどん水が流れるよう常にスペースを空けておく。そのためのすばらしいシステムがフローです。

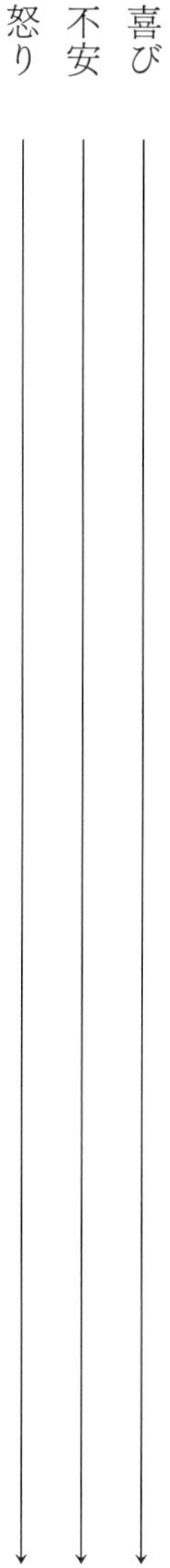

ところが、〈不安〉をはじめとするきかん坊の社員があらわれると、ホースが詰まり、流れがぴたっと止まります。

同様に、〈意見〉や〈思い込み〉もホースに詰まることがあります。ホースから出られず、ほかにどうしようもないので逆流し、新しい情報が流れ込むのを邪魔します。たとえば「私はきれい」という意見が注がれたとしましょう。すばらしい。〈コントロール〉の許可を得たその意見は、スムーズに流れていきます。ところが次に「私は不細工」が流れ込むと、さあ大変。あなたの理想像にそぐわないその意見は、〈コントロール〉から盛大にノーを突きつけられ、〈意志力〉からも猛烈に否定され、ホースに詰まります。

すると同じ場所でぐずぐずしている〈思い込み〉や〈ストーリー〉、〈意見〉に囚われて、新しい考えやアイデア、教訓を採り入れられなくなります。

頭と同じように身体も詰まります。感情は行動のガソリンで、気持ちを感じる場所は身体です。「怖い」という感情がホースに注がれ、「ダメ」と〈意志力〉が言う。「私に必要なのは『怖くない』のほうよ」。するとホースが詰まります。しかし、〈不安〉とそれにまつわる〈意見〉のエネルギーは、どこかへ吐き出さなければなりません。流れ込むのは地下。そうやって、使われずに終わったエネルギーは身体にどんどんたまっていきます。

たまった水はいずれ淀み、腐り、最後には毒を持ちます。すると身体に、次に挙げるような深刻な問題が生じます。

⑫ 身体に問題が生じる

身体の問題はほぼすべて、なんらかの形で不安の抑圧と関係しています。

抑圧された感情（特に不安）と身体の問題とのあいだに相関関係があるのは明らかです。体内の流れが滞っていれば、いつかはそのツケが身体にあらわれます。

抑圧された不安が不眠症や過度のストレス、極端な不安、注意散漫な状態につながるのはわかりますよね。同じように、抑圧された不安は過食やオーバースケジュール、過補償などと関係しています。そしてもちろん、どれも健康を害します。

こうした状態は気分がひどく落ち込むだけでなく、高血圧や心臓病、がん、アルツハイマー、糖尿病、頭痛、胃痛、ぜんそくなど、ほとんどあらゆる健康問題を引き起こし、悪化させる原因になります。普通より早く老いを感じさせ、体重を増やし、心臓発作や脳卒中、免疫異常、突然死などのリスクを高めます。

しかもなんと、問題はそれだけにとどまりません。

1 抑圧された不安は痛みやうずきにつながる

ホースを詰まったままにしておくためにはものすごい労力が必要で、緊張感を常に保っていなければなりません。人生の自然な流れに逆らうのは、大変な作業です。

この状態を保とうとすると、人は精神的にも、身体的にもこわばっていきます。自分を感情から、あるいは心と身体の「悪い」声から守ろうと、時間とともにどんどんかたくなになっていき、やがて水というよりは石に近くなっていきます。頭の中の石はとても重く、持っているだけで疲れ、だるくなってきます。身体の石は、身体の緊張の形であらわれ、肩こり、腰痛、筋肉の硬直をもたらします。

そして、受け入れようとしない考えがホースに詰まっている限り、頭が非常に重い状態は治りません。身体も同じで、首や肩、腰を軽くしたくても、受け入れたくない感情を根本的にどうにかしなければ、こりはほぐれません。

2　抑圧された不安は怪我を招く

硬い木は風にしならず、いずれ折れてしまいます。

同じ現象を、私は人間でたくさん目にしてきました。不安に抵抗するスポーツ選手は、すぐに、あるいはよくけがをする傾向があります。

だから新しく怪我をしたり、同じ箇所を何回も痛めたり、回復が長びいたりしたら、自分の胸にこう尋ねましょう。「自分は何か特定の意見や思い込みに凝り固まっていないだろうか。自分が受け入れようとしない感覚はなんだろうか。その感情と、今回の新しい（あるいは何回目かの）怪我にはどんな関係があるだろうか」

そうやって答えを探す姿勢を持っていると、不思議なことに怪我が少なくなり、古傷もいつの間にか癒えるはず。なぜわかるかと言えば、私がそうだったからです。

3　抑圧された不安は病を呼び込む

細菌学者のルイ・パスツールは、晩年こう言いました。病を引き起こすのは細菌ではない。細菌と繁殖に適した理想の環境との組み合わせが、病につながるのだと。

であれば、人間の身体という宿主の環境が淀めば、つまり川が止まれば、川は濁り、腐り、どろどろの汚水だめのようになって、細菌やウイルスがはびこるには理想の環境が生まれるのではないでしょうか。

宿主が望まない感情との戦いにすべてのリソースを費やしている状況だと、身体は弱まり、インフルエンザのような病気と戦う余力を残せなくなります。

宿主の環境に、感じることを拒まれた怒りや不安が大量に居残っていれば、それはゆっくり毒に変わっていき、やがて全身に染み出していきます。

4　抑圧された不安は過食につながる

不安はたいていお腹で感じます。胃がむかつく不愉快な感覚があるのは、本人の注意を引き、何かおかしいと警告するためです。ところがその感覚に対して、食べることで気分を良くしようとする人がいます。このやり方は効果的で、しかもアルコールよりも早く効くので、本人は不愉快さをうまくごまかせたように感じます。

つまりスナック菓子をつまむのは、不安や身体が警告している問題から無意識に気持ちをそらそうとする行為です。生存のための食事と、不安を隠すための食事の違いに気づくには、いったん口にものを運ぶのをやめて、身体の〝声〟にしっかり耳を傾けなくてはなりません。いま身体が感じているのは、空腹か、それとも避けたり隠そうとしたりしている感情か。

さらに、食べることで増えていく体重も、不安や対処すべき問題に対する第二の防壁になります。脂肪は会社と不安のいる地下とを隔てるぶ厚い隔壁のようなもの。体重を減らしたら、あの頭のおかしな野郎が出てきちまう。そんなのもってのほかだ！　身体はそんなふうに考えます。

Episode

私はアドレナリンのおかげで生きている実感を味わうことができました。しかし身体には、アラスカの山をスキーで猛スピードで滑り降りるときに出るアドレナリンと、ティラノサウルスに追いかけられているときに出るアドレナリンの違いを判別することはできません。どちらも身体にとってはまったく同じです。

もし本当にティラノサウルスに追いかけられる毎日だったら、その生活を（私のような変人は）愛していても、10年もすれば激しい緊張で身体は参ってしまうでしょう。

スキーをやめてすぐ、私はコルチゾールレベルの低下、つまり完全なる副腎不全と診断されました。医者に3カ月間ステロイドを打たれ、そしてそれからの10年というもの、私は「1日10時間の睡眠が必要」な身体になり、何を決めるにも時間がかかるようになりました。住む場所、付き合う相手、妊娠願望。要するに私はぼろぼろになっていたのです。1日に2個（友だちとのランチと、15分の電話会議）以上のことができず、残りの時間はひたすらよだれの海に浸かっていました。

副腎の機能がようやく回復したのは、心の奥底に眠る不安と向き合うようになったあとのこと。どんな決断にも不安がともなうと認めてはじめて、人間らしい生活を取り戻せたのです。

⑬ 虚無感に襲われる

自分に正直に向き合おうとしない人の仮面の奥、無意識の底には、必ず虚無感があります。

自分はこれまで、生きるに値することをしてきたっけ？　何もないや。

人はみな、生というすばらしい体験に必死で価値を見出そうとします。「価値がある」と感じたいと切望します。そして、**そのための唯一の方法は本当の人生を生きること**です。すべてを丸ごと味わうことです。

人生を丸ごと感じ、体験したいと思い、また実際にそうする必要もあるのが人間です。そして幸運なことに、不安を自分の人生の一部や、心の奥底に必ずあるものだと認め、不安を感じ、体験する意思を持つと、すべてを丸ごと体験できるようになり、価値が感じられるようになります。

逆に不安を避けていると、人生からも逃げることになります。そして、かりそめの人生に時間を費やしている気がして、気分が悪くなります。そのあとに起こることは、人によって大きく異なります。いくつかざっと挙げてみましょう。

↓ 自分が偽もののように感じる。
↓ 世界から取り残されているように感じる。
↓ ほかの人や自然、人生そのものとのつながりを失ったように感じる。
↓ 自分の価値に自信がなくなる。
↓ 自分の人生の支配者というよりは、被害者という気がしてくる。
↓ 才能や素質を伸ばそうという気がなくなる。

↓　何もしていない、ちゃんと生きていないことに罪悪感や恥ずかしさを覚える。
↓　本来の自分の人生を歩んでいない気がする。
↓　ただ存在しているだけという気がする。
↓　成長せず、縮んでいるだけな気がする。
↓　本当の自分を探すチャンスが失われた気がする。

どれも本当の人生ではありません。ただの苦痛です。**自分から感情を奪うのは、人生そのものを奪うのと一緒**だと思ってください。

楽しい気持ちか、つらい気持ちかにかかわらず、感情を体感することを遠ざけていたら、今度は人生があなたを遠ざけるようになります。

⑭　被害者意識を持つ

私はもう数えきれないくらい、「不安をコントロールして、不安を乗り越えればいいんだろ。そうすれば問題はすべて解決だ」という言葉を耳にしてきました。週末をまるまる費やして、不安をテーマにしたワークショップをこなしたあとにも、そういうことを言う人がいました。

ここまで読んで、まだ「どうして不安から離れられないの?」と思う人は勘違いをしています。「誰も不安からは離れられない」。これは絶対の真実です。

その発言は、不安への敬意を欠き、不安が増すだけではなく、間違いなく悲惨な事態を招きます。

不安には、誰も、絶対に、勝てません。

だからそう言うのはやめましょう。でないと次のようなことが起こります。

↓ 不安感情を切り離そうとやっきになるほど、不安が増す。怒りを捨てようとするほど怒りがこみ上げる。食欲を抑えようとするほどお腹が空く。これはどんな感情にも当てはまる。

↓ 何かをコントロールしようとするほど、コントロールを失ったように感じる。

↓ どんどん打ちのめされていく。「疲れた……」

↓ どんどんわけがわからなくなっていく。「なんでうまくいかないの？」

↓ どんどんコントロールしたがりになっていく。「もっとがんばらないと」

↓ どんどんまわりが見えなくなっていく。「行き詰まったけど、自分のいる場所がわからない」

満面の笑みを浮かべたところで本心はバレバレです。まわりには、地下室の〈不安〉が外へ出ようと、あなたという会社の社屋に火をつけたことが見えています。これは、不安を克服したと思っている人に特に顕著です。そう思っている人の心には、一番大きな不安、つまり自分自身やまわりから怖がりだと思われる不安がはっきり残っています。「私は自分の人生を支配するヒーローだ！」と思い、ヒーローの強さを持つのは結構ですが、どんな人も常にヒーローでいるのは不可能です。それでは、自分自身やまわりとの絆は築けません。自由に、流れるように生きることはできません。

自分は不安に対して無力だと認め、ドラゴンは倒せないと受け入れて、はじめて人は健やかな道を進むことができます。

口で言うのは簡単だって？　どうぞご心配なく。具体的な方法については第6章から第12章にかけてお話しします。

さしあたっては、これだけ覚えておいてください。**地下室の〝声〟を否定し、避けている限り、自分の本来の可能性を狭めることになる。**コントロールできないものをコントロールしようとする限り、ストレスと不安は増す一方、ほかの戦いに費やすエネルギーと時間が枯渇する。その道を行く限り、人としての成長や進化は必ず止まる。

さあ、どうしますか？　いまここでその事実を受け入れるか、さもなければこの本をあとで読み直すことになるでしょう。あなたの前進を阻んでいるのは不安ではありません。不安を感じることを受け入れようとしない姿勢が、行く手を阻んでいます。

それを理解し、不安の犠牲者ぶるのをやめてはじめて、自分の中に眠るパワーを使えるようになります。犠牲者は不安であって、あなたではありません。「悪い子ども」をぶったのは、犬を叩いたのは、社員の存在を抹消したのは、月や星と戦おうとしたのはあなたです。単なる雨雲をハリケーンに変えたのはあなた以外の何者でもありません。

その事実を、すばらしい知らせだと思いましょう。牢獄の壁を築いたのは、あなたであって、不安ではありません。

それなら、あなたの力で壊すこともできるはずです。

Episode

禅の師匠に最初に与えられたのは、「不安の声を聞くことを自分に許す」というシンプルな課題でした。

私は座り直し、自分の中の不安に目を向けました。何も見つかりませんでした。だから手を挙げてこう言いました。「私の中に不安はないみたいです」

師匠は苦笑して言いました。「まあ、そうでしょうね。少し手助けが必要なようです」

それから10分後、師匠の話を聞いて、私はすべてが腑に落ちた気がしていました。私のキャリア、私の性格、私の問題、私の人間関係のすべてに納得できました。どうしていままで見えなかったんだろう、とさえ思いました。

私の人生は壮大な矛盾で、正反対の二つが同時に存在していました。不安を愛する気持ちと、憎む気持ち。作家のG・K・チェスタトン曰く、矛盾は「真実で、関心を呼び覚ますために頭の中にある」そうです。その通り。突如として、矛盾は私の関心を一気に引きました。

不安を体感することが自分の生まれてきた目的だったと気づきました。スキーはただの入口だったのです。それでも、私がやったのはものすごく危険で、怖くて、だから不安を押し殺さなくては自分を保てなかった。不安が私の恋人なら、私は恋人をもてあそんでいました。「あなたがほしい。必要なの。こっちへ来て、愛しい人……イヤ！　もうたくさん。そんなに迫ってこないで！」

不安もさっぱりわけがわからなかったでしょう。私もわけがわかりませんでした。

何かを愛し、同時に憎むなんてできるのでしょうか。もちろんできます。私は両親を愛すると同時に憎んでいます。ドーナツや、人生や、ソファを引っかくペットのネコ。みんな愛し、みんな憎んでいます。矛盾が体験に豊かな彩りをもたらします。何かを愛したときに前よりも愛おしく感じられるのは、一度は憎んだ経験があるからです。

1色の絵の具だけでは絵は描けないのと同じで、光と闇があるからコントラストや立体感が生まれる。それがあってはじめて、絵は名作になります。

私の不安を描いた絵は名作ではありませんでした。絵になっていませんでした。それは、私が暗闇の中、手探りで描いていたからでした。

いまこそ明かりを点け、目を覚まし、新しいキャンバスに向き合うときでした。

Column

人間には感情が欠かせない

不安を押さえつけると、自分自身との深いつながりだけでなく、世界とのつながりが失われます。人間だけではありません。夕日や空気、ペットの犬、お金など、あらゆるものとのつながりが消えます。そして無意識の戦争にエネルギーの大半を使っていたら、残ったエネルギーで好奇心旺盛に、丈夫な人生を長く生きるのは不可能です。

しかも、不安を抑えることは、もっと大きな視点で見ても危険です。

人間は何かと触れ合うことで知性を育んできました。人間の進化の歴史は、世界とのつながり方の歴史と言ってもいい。完全なつながりを目指さなければ、進化は止まります。

そう考えると、科学やテクノロジー、理性的な思考にばかり重きを置くいまの人類は、本当の目的地とは違う場所行きの列車に乗っているように思えます。自分の核を自分で食い潰し、進化の次の段階に近づくどころか、どんどん離れて見えます。

もちろん、知性は人間の未来に欠かせない、人間固有の大切な特徴の一つです。ただ、人類が持っているのは知性だけではありません。知性にも限界はあります。知性だけでは、ここから先に進むのは難しいのかもしれません。

もちろん、思考を捨て去る必要はありません（というかできません）し、列車のスピードを緩めたり、列車を止めたりしたところで、元の駅に戻れるわけでもありません。しかし、人間の意識を次の段階へ引き上げたいなら、感覚と感情の活用の仕方も見つけないといけません。感情には感情の知性がある。旅の道連れにはもってこいだと思いませんか？

いまやらないと、手遅れになるかも。何も感じられなくなってしまうかもしれません。人間というよりは、ロボットに近いものになってしまう気がします。

人生の苦しさを軽減するには

ブッダは「生とは苦しみ」と言ったそうです。人生にはつらいこともあるとは言わず、生きることそのものが苦しみだと言ったわけです。苦しみを味わうことなく人間になり、人生を丸ごと味わうことはできません。それは厳然たる事実です。

それはある意味で美しいことなのですが、認める人は多くありません。

ですがさしあたっては、この章の内容を一つの残酷な公式でまとめてみます。

苦しみ＝不快感×抵抗

どういうことか、具体的に見ていきましょう。

不快感

ここで言う不快感とはなんでしょうか。もちろん、不安は不快です。悲しみもそう。虚無感や、痛みや、5000人の「悪い」声はすべて一種の不快感です。ここでは仮に、不安にともなうレベル10の不快感を抱いたとしましょう。

抵抗

お馴染みの「こんなの要らない」という感覚です。もちろん、不安や悲しみ、虚無感、痛みに対する好き嫌いは構いません。しかし、そうした感情は必ずあらわれます。そしてあらわれたものを「来なければよかったのに」と思うと、抵抗が生じます。ここでは、不安にともなうレベル10の抵抗を感じたことにしましょう。

するとどうなるか。不安に真っ向から抵抗すると、10×10で100の苦しみを感じるのです。すごく大きな数字ですよね。では、この公式で苦しみを減らすにはどうしたらいいでしょうか。不快感は減らせません。不安や悲しみ、むなしさ、痛みの数値は固定されていて、あらわれた時点で決まっています。痛みは痛み。拒絶されればつらいし、脚を折れば痛い。不安も不安です。避けられない本質的な感情で、強烈な不快感をもたらします。

一方、抵抗の数値は固定ではありません。値はすべて、完全にその人次第です。

不満もある意味で避けがたい感情です。ずっと満足していることは誰にもできません。オリンピックの金メダリストは、優勝後には大きな満足感を覚えるでしょうが、その喜びはウサイン・ボルト以上の速さでどこかへ行ってしまいます。不安にともなう不満は、抵抗を呼びます。抵抗もまた会社の社員です。しかし**公式の中では、抵抗は苦しみや不満よりはるかに扱いやすいと言えます**。

それを踏まえて、今度は10の不快感に対し、2の抵抗が発生したとしましょう。すると計算結果は、10×2でたったの20。１００よりはだいぶ小さな数値に落ち着きます。

もう少しイメージしやすくするために、タトゥーを思い浮かべてください。タトゥーを入れるのはとても痛いのですが、実はその痛みに逆らわずに受け入れると、魔法のような別の感覚が味わえるといいます。

わかりますね。人生は（タトゥーを入れなくても）そもそも不愉快ですが、問題は不快感ではなく抵抗です。ここでまた、二つの選択肢が生まれます。

1 「人生に不安はつきものなどではない」と言い張り続け、悪い社員たちの〝声〟を受け入れず、不快感を取り除くために激しく戦う道。そのために抵抗に次ぐ抵抗を重ね、やがて不快感を受け入れない姿勢に人生を呑み込まれます。しかし残念ながら、抵抗するほど苦しみは増します。10倍になって100に、それがまた10倍になって1000に。薬などで表面的にまぎらわせ、不快感をまひさせる方法もありますが、それだと人生をフルに生きられなくなります。

2 「人生とはそういうものだ」と認め、不快感に対するアプローチを転換する道。抵抗に目を向け、抵抗を減らし、抵抗の矛先を変えて、不快な感情をありのままに受け入れるやり方です。人間である以上避けられない、悲しみや痛み、むなしさ、不安を感じる恐ろしい状況を受け入れると……それでも苦しいことに変わりはありません。

苦しみがなくなることはありませんが、それでも確実に和らぎます。

そして、タトゥーを入れることが純粋な喜びや、精神的な練習と呼べる段階まで来ると、苦しみはほとんど存在しなくなります。

問題は不安ではなくあなた自身

ここまで来ると、こんな疑問が浮かびます。「自分の可能性を狭めているのは本当に不安なのか。そうではなく、不安に対する間違った思い込みや、抵抗のほうなのではないか」

私の考えは後者です。

あなたはこれまで、悪いのは不安感情のせいだと責めてきたはずです。不安からひどいことをされたから、もう信じられないと思う。ある意味当然です。ですが**もし、不安にひどいことをされたのではなくて、自分のほうが不安に対して間違った行いをしていたのだとしたら？** それに気づいたら、考え方を変えてもいいのではないでしょうか。

だって、悪いのはあなたなのだから。あなたの行動の責任を取るべき人間は、あなた以外にはいません。たとえ原因が向こうにあったとしても、いま責めているのはあなたです。私たちは誰しも、時とともに本来あるべき道から外れていくものなのだから。

責める相手は、自分しかいません。あなたはこれまでの人類の文明、何十万年という歴史の先っぽです。そして、この星で最悪の戦争が起こっているのは、バグダッドでもなければガザ地区でもなく、人の心の中です。あなた自らが、本当の自分との戦いに無意識に合意したのです。あなたがあなた自身と戦い、テロ攻撃を仕掛けている。

そんな戦争を続ける必要がどこにあるでしょうか。そんなことをしていたら、不安はおろか、世界にも蹴飛ばされてしまいます。

そうならないためには、不安はあなたという会社の社員で、最高の自分を形作る大切な一部だと認めることです。不安はあなたを第一に考えていて、いつだって友だちになりたいと思っています。
となれば残されたハードルはただ一つ、あなたの側にそうする意思と心の準備があるかどうか。それだけです。

危機感があれば人は変われる

私のもとへ相談に来る人は、たいてい危機感を抱いています。頭の中でアラームが鳴っていて、その音がだんだん大きくなり、アラームを止めようとついに電話をしてくるわけです。パニック衝動に苦しむ会社のＣＥＯ。妻との恐ろしい20年を送り、自分で何も決められなくなった男性。貯金を食い潰しながら仕事の面接を次々に受けるもののうまくいかず、しかし原因がわからないシングルマザー。

こうした人たちは、タイヤが溝にはまって空回りしている車のような存在です。このとき危機感は、タイヤを溝から出すためのツールになります。

もしあなたが、危機感に突き動かされてこの本を手に取ったのなら、それは幸運なことです。なぜかといえば、危機に陥り、我慢できないほどのフラストレーションがたまらなければ、助けてくれと手を伸ばし、いままでのやり方をあきらめ、変化に必要な小さな希望を手にすることもなかったのだから。

危機はちょっとしたもののこともあるでしょう。そういう人は、自分がピエロだと感じているかもしれません。ピエロは巧みな手品を披露しますが、何度も繰り返しているうちに行き詰まり、やるのがおっくうになってきます。そして最後には、ばかばかしいと感じます。同じ行動と同じ結果の繰り返しで、頭がおかしくなっていきます。

もっと「ひどい」危機に直面している、つまり痛みや苦しみ、苦悩、ストレスを明確に感じている人もいるでしょう。ですが、実はこちらは1番目よりもましなケース。なぜならそうした感覚は、変わりたいというモチベーションになるからです。

そして一番いいのが、このままでは死ぬと感じている人。生命の危機を感じたとき、人は本当に学ばなくては、成長しなくてはという心からの覚悟を決めます。

いずれにせよ、危機は気づきを与えます。自分が歩んできた道はどうあがいても行き止まりで、そこまで来るのにどれだけ苦労していようが、もう一歩も進めないと気づかせます。**もうずっと、何十年ものあいだ頭の中でアラームが鳴り響いていたのに、目をそむけていた真実やメッセージ、教訓にようやく向き合わせる力が、危機感にはあります。**

不安は誰にでも使えるリソースで、すばらしい価値があります。不安を取り除こうとするのはもちろん、取り除こうと考えるのもやめなくてはいけません。

危機感は、ネガティブな社員があなたのためを思って発する最後のメッセージなのです。

「人生は最高」という言葉ほど最悪なものはありません。だって、そう考えた瞬間に学びや成長が止まるから。そこにずっととどまっていると、人はやがて退屈や物足りなさ、行き詰まりを覚え、何かが足りないと感じるようになります。人生は最高なだけではないからです。

1万の〝声〟、社員、子ども、道具。たとえ方はなんでもいいですが、そういった人生のすべてを、いいも悪いもひっくるめて体感しなければ、何かが足りないと感じるのは当然です。だって、実際に足りていないのだから。いま以上の学びや成長、あるいは人としての幅を広げる機会、そういった本来なら得られてしかるべきものを逃しているのだから。「万事順調」は言い訳や停滞でしかありません。人類の進化はもちろん、人間性を深め、広げる旅の妨げです。

ですがご心配なく。たとえ、いまのあなたが思い悩んでいなくとも、本当の自分がわからなくなる日は必ずやってきます。そして植物は常に生長し、必ず光へ向かって伸びていくものです。

というわけで、ここで選んでください。必ずやってくる危機の訪れを待ち、そのとき担架に乗せられて大きな真実へ運び込まれる道を選ぶか。それともいまから、自分の足でそちらへ歩んでいくか。

どちらを選ぶにしても、自分の闇に光を当てる作業が必要になります。**自分の中の暗い〝声〟や問題、まやかしを見つめ、認めてもらえるのをじっと待っている不安を感じるに**

は、そうする意思が必要です。

光と闇という二つの選択肢があったら、たいていの人は光を選びます。不安を避け、不安を感じなくてすむように気をそらすほうがいいと思うなら、どうぞそのやり方を続けてください。一向に構いません。それで何も問題がないなら、ぜひそうすべきです。

一方で勇敢にも暗闇へ足を踏みいれるなら、先へ進む中で、もっと成長し、学ばなくてはならないと痛感させられるでしょう。しかしその先にはきっと、かつてなくまばゆい光があなたを待っています。

Part.2
古い考え方を捨てる

第4章
あなたの変化を阻むものの正体

さあ、準備は整いました。いまこそ不安を受け入れるときです。

具体的な方法は第6章から解説しますが、まずはこの大切な第4章を読み通してください。

私の経験上、不安に対する考え方を転換したいと思っている人でも、実際にやってみるとなかなかうまくいかないもの。理由は**邪魔をしているものがあるから**です。だからこそ、その邪魔しているものの正体を知り、邪魔されたときに備える必要があります。人はたいてい、新しいものが目の前にあっても、古くてくたびれたほうにこだわってしまうものです。

そんなことはないと言う人もいるかもしれませんが、いつも正しいと思うことだけをできたら苦労はしません。

タイヤが空回りしている車を思い出してください。一つのタイヤが溝にはまっていたら、たとえほかの三つがちゃんと動いていてもどこにも行けません。はまったタイヤのせいで、その場でぐるぐる回るだけです。はまっていると気づくには、きちんと動くとはどういうことかを知っていなければなりません。そうでないと、空回りしていると気づくこともできないでしょう。

ブッダはその行き詰まりを「苦諦」と呼んだといいます。これは、ブッダの教えの中でも特に重要と考えられています。

泥沼にはまるまでには、たいてい時間がかかります。ゆっくり釜ゆでにされるカエルと同じで、**人間も自分が行き詰まっていると気づくには20年かかり、そして気づいたときには手**

遅れになっています。生きたまま釜ゆでにされています。苦諦は人生そのもので、そして苦諦に囚われている限り、不安との付き合い方は見直せません。

この章の前半では、どうやって泥沼にはまっていくのかを解説します。そして後半では、あなたがどこにはまっているかを明らかにします。

無意識の問題は頭では解決できない

まずはこの先を読み進めるための前提を紹介しましょう。それは、**意識というのは広大な海の海面部分にすぎない**ということです。海面ではいろいろな楽しいことが起こります。人生の大半は海面の出来事で占められています。ですが、その下には無意識という広大な海が広がっていて、海面の荒れ具合は海中の状態で決まってきます。

水面下で交わされる〝声〟には、〈無意識〉という名前があります。これは〈意識〉よりも強力な社員です。記憶を集め、反射的な思考を司るこの社員は、人間という会社全体を動かしています。この社員のおかげで、人間は習慣的なパターンに従いながら、「自動操縦」モードで、何もかもを意識しなくても生きていくことができます。瞬間瞬間にうまく対応できます。まさにグッジョブです。

しかし残念ながら、**無意識には人間をロボットにする副作用もあります。**プログラムと考えればいいでしょう。忙しくなるほど会社は〈無意識〉にすべて仕切られ、あなたはプログラムに機械的かつ盲目的に従うようになっていきます。

この無意識のプログラムを組み直すのは、もちろん不可能ではありませんが、無意識の思考を意識的なものに変えるのは自然の摂理に反しているのです。

多大な努力を払い、無意識の反応を理解しようとする人もいるでしょう(ポイントは「しようとする」です)。そういう人は、よく「なんで自分はこんなことをしたのか」と自問します。そしてそのためにセラピーを活用します。これはこれで魅力的な自己探求の旅ではあるのですが、これはペットのネコの行動原理を理解しようとするようなものです。ネコが段ボール箱に入りたがる理由を想像し、理解できる人が、いったいこの世の中にいるでしょうか。

無意識を論理的に理解しようとするのは、宇宙を論理的に理解しようとするようなものです。宇宙は無限の広がりで、底も天井もなく、始まりも終わりもなく、捉えどころがありません。それを理解しようとしてもすっかり迷子になるのがおちです。

セラピーでは、意識(つまり思考)を使って無意識の問題を理解しようともします。そして、多くの人がうまく理解できたと感じますが、**実際には無意識を意識することは不可能です。**無意識を意識できたら、それはもう無意識ではなくて意識なのだから。寝ながら起きろと言っているようなものです。眠りは眠り、覚醒は覚醒。無意識を、無意識以外のものにすることはできません。

ある問題を意識できてパターンから逃れたように思えても、次の瞬間には新しいパターンに囚われているということになります。穴の空いた舟からカップで水をかき出しても、水はまたすぐに入ってくるのと同じで、怒りの声に囚われなくなっても、今度は感謝の声に囚われます。それは前進に思えますが、実は悲惨な状態でもあるのです。

だから、こうした束の間の成功と限られた道具だけでは、たいていの人はいずれさじを投げ、無意識の軍門に降ります。

でも、これは仕方のないことです。つまり、気にする必要はありません。無意識は、どんなときも人生の大いなる神秘です。私は、それはすばらしいことだと思います。現代人にはもっと神秘が必要です。

あなたを不自由にする「ストーリー」

ストーリーは、無意識の世界にダウンロードされた人生の経過と情報を使って組み立てられます。母親があなたの不安にはじめて対応した瞬間も、材料の一つです。不安を無視して力を感じた瞬間もそう。人間の中にはあらゆるストーリーが蓄えられていて、歳月とともに互いに結びつき、何回も繰り返し語られます。すると、ストーリーに添わない見方をするのが難しくなっていきます。

パーティーで知らない人から自己紹介をお願いされたら、誰だって自分のストーリーを語りますよね。これまでの経験や価値観、何に時間をかけてきたかを話すはずです。

ストーリーがなかったら、人には頼るものがなくなります。無です。自分が何者かもわからなくなります。つまりストーリーは、時間とともにその人そのものになっていきます。

しかしよく見てみると、知らない人に語っているのはあなた自身ではありません。それは〈ストーリーテラー〉という社員です。

〈ストーリーテラー〉は会社そのものではなく、会社を構成する社員の1人にすぎません。それでも、その声が会社に代わってしゃべり出すと、修正はとても難しい。たとえばパーティーでとなりの友人があなたの人となりを語り始めたら、口を出すことはできるでしょうか。多少の修正は可能でしょう。ですが友人はあなたではありません。同じように、〈ストーリーテラー〉もあなたではありません。

友人の話なら、どこかのタイミングで「ちょっと待って、それは言い過ぎ」と口を挟むこともできます。しかし、〈ストーリーテラー〉の話に口を挟むことはできません。そして厄介なことに、〈ストーリーテラー〉は、相手だけでなくあなた自身にも語りかけています。

私が「不安を消すことが目標だという古くさいストーリーがあなたを縛りつけているものの

正体です、いまこそ新しい物語を紡ぎましょう」と何時間もかけて教え諭しても、その相手は別れのハグを交わしたあと、振り返ってこう言います。「ありがとうクリステン、これでもう不安を感じずに済むという確信が持てました！」と。ちょっと待って。その考えを捨てるために、たったいま3時間を費やしたばかりなんだけど！　こういう人はたくさんいました。

そうやって自分で自分を苦しめるのは、〈ストーリーテラー〉がいるからです。

自分と〈ストーリーテラー〉は別人だと理解しない限り、長年しがみついてきたストーリーへ無意識に立ち戻ることは避けられません。それがストーリーの性質です。誰だって、父親を怖いと思ったことが一回くらいはあるはず。その瞬間にストーリーテラーはあらわれて、経験を取り込み、語ることで生まれるエネルギーを使ってストーリーを何度も何度もリサイクルします。不安のエネルギーが体内のシステムにこびりつき、もう愛情をひとしずく垂らしても身体は受け付けません。繰り返されるストーリーにそぐわないからです。

「不安に囚われたりしない」というストーリーもそう。そのストーリーこそがその人をとらえる鳥かごだということに、本人はほとんど気づいていません。「いまの自分が好き」というストーリーも、人をからめ捕る罠になります。**思い込みに囚われると、人は成長し、別の真実にも目を向けようという気持ちを失います。**

ストーリーが無意識の世界で繰り返される限り、人はそれを信じ続け、ストーリーが自分の真実を語っていると思い込みます。

「いつわりの自分」に囚われてはいけない

特に興味深い柵で、これ一つでいろいろなことが説明できる、かごそのものと言える存在があります。それが〈いつわりの自分〉です。その〝声〟は2歳のときに生まれます。そう、両親や友だち、世界から切り離され、独立した個となるあの瞬間です。それは自然で賢いプロセスで、人であることの避けがたい弱さと、その弱さがもたらす不安に折り合いを付けるために必要なことです。いつわりの自分という強い味方の助けを借りながら、人は思い込みという自分の枠を定め、自分なりに世界を理解しながら、劇的な「変態」を遂げていきます。変身はだいたい12歳で終わり、その後は変わりません。

いつわりの自分を作らない人はひとりもいません。ほかの社員と同様、〈いつわりの自分〉もユニークな独自のスタイルを持っていますが、人生の基本は不安である以上、この社員の基本も、もっと言えば人間の基本も不安ということになります。

〈いつわりの自分〉はあらゆる情報を取り込んで、偽の自分像を形作っていきます。母親から「ばかなことはよしなさい」と言われれば、その情報に基づいて、自分はとんでもないばかだという一生続くストーリーを描き出します。逆のパターンもあって、公園でほかの子どもから弱虫と言われた瞬間、〈いつわりの自分〉はそれを否定する「怖いものなんて何もない！」という確固たる自己イメージを作り、それを人生のテーマに据えます。12歳を迎えるころには、偽の自分像はその人の核となり、あとはその指示通りに行動し、しゃべり、物を手に入れ、何かを評価し、自分を表現する生活がたいてい死ぬまで続きます。〈いつわりの自分〉は多大な影響を持っていますが、無意識の世界の住人なので、よくよく注意して見てみなければその存在に気づけません。

年齢を重ねる中で、いつわりの自分は本人を守るという当初の目的を果たさず、むしろ邪魔になっていきます。不安や友人との関係を改善したい人が、意志というアクセルペダルを踏んで前に進もうとしても、現状を維持したい〈いつわりの自分〉は、〈決意〉や〈忍耐力〉といった別の〝声〟の力を押さえつけ、ブレーキのほうを強くしっかり踏みしめます。〈いつわりの自分〉は変化を好みません。ギアを上げ、110パーセントの力でがんばっても、〈いつわりの自分〉は無意識の世界にいるので、車は必ず止まってしまいます。

いつか。必ず。止まります。

〈いつわりの自分〉の本来の目的は、自分は何者かという問いに一時的な答えを提供すること。しかしそれが、たいてい恒久的な、がっちりした答えに変わっていきます。

〈いつわりの自分〉をよく調べない限り、不安との関係は良くならず、本当の自分にもなれないのです。

Episode

はじめてバックスクラッチャーを決めてから1週間後、再びエリックとの撮影に臨むことになりました。エリックは、崖からジャンプできたんだから滑りもさぞかし見事なんだろうと思っていました。しかし、ジャンプはスキー技術の一つにすぎません。言ったかもしれませんが、当時の私のテクニックはお粗末もいいところで、エリックはそのことを何も知りませんでした。

午前中の1本目、私はスポンサーからもらった真新しいウェアをまとい、採用予定の会社にもらった新しい板を履いて、幅6メートル、長さ100メートル弱の岩壁に挟まれた場所に立っていました。しかも途中には、急なこぶの連続という悪夢が待ち構えていました。

3、2、1。カメラがまわり始めました。

人はみな、無意識に潜む〈いつわりの自分〉の操り人形で、いまは私も、自分が例外ではなかったのがわかります。私の〈いつわりの自分〉はこう言っていました。私は誰の目にも見えない、ひとりぼっちの透明人間。誰も愛してくれない。こんなに魅力的なのに、誰もわかってくれない。みんな自分のことでせいいっぱいで、私を見たり、考えたりする余裕がない。だから、自分のことは自分でなんとかしないと。

世の中には、〈いつわりの自分〉が語る思い込みやストーリーに足を取られる人もいれば、そうしたものをモチベーションに変える人間もいます。違いは単純で、思い込みを否定すれば邪魔をされ、受け入れればモチベーションになる。私は後者でした。〈いつわりの自分〉の存在にかけらも気づいていなかったのに、どういうわけか受け入れ、しかもそれが奇跡的にいい方に転んでいました。

私の目の前にあったのは、究極の嵐でした。カメラがまわっていて、ロブという名前の別のカッコいい男性も映像を撮っていました。子どものころから押し込めてきたいつもの〈不安〉もありました。するとどうでしょう、自分で気づいていないのに、〈不安〉は私を突き動かし、心に火をつけました。

無意識の世界では、こんな言葉がぐるぐる回っていました。ここで滑りきれば、エリックは私に一目置き、ロブも私を好きになって一緒にいたいと思ってくれる。私の存在が目にとまり、すごさに気づくはず。私は自立した強い女。自分ならできる。見てなさい。

私はスタートし、いつも通りにそこそこの滑りをしました。ですが、〈いつわりの自分〉と〈不安〉を足し合わせたモチベーションのおかげで、スピードがいつもの30キロ増しでした。

熟練スキーヤーとワールドクラスのスキーヤーを分けるのは、結局はそこです。あるレベルを超えると、テクニックではなく感情（私の場合は不安）をどう使うかが大切になります。感情を激しく受けとめ、壊れるギリギリのところで感情を表現し、だけど失敗はしない。あの一本にたくさんのものがかかっていた以上、失敗は許されませんでした。

20秒間のドラマチックな時間が過ぎたあと、私は雪を巻き上げながら止まり、ロブに微笑みかけました。彼も笑い返してきました。上にいるエリックは、カメラを手にしたまま、歓喜の叫び声を上げました。また一つ、私に逸話が増えました。そして、私はそこそこのスキーヤーからワールドクラスのスキーヤーへと変貌したのです。たった一本の滑りで。

新しい習慣を作るために必要なこと

人間には、信念や倫理観、意見、ストーリー、認識、経験、判断、常識、大切に思っているものなどが無数にあります。それが見事に組み合わさって、人格を形成しています。その人を形作っています。その人たらしめています。

そうしたものは、無数の定型的なパターンをなしています。私はこの社員を、〈習慣〉と呼んでいます。泣くのは弱いからだと考える人は、それが習慣になり、悲しみに対して心をまひさせるようになります。自分はスポーツが苦手というストーリーなら、体を動かす機会に激しい拒絶反応を見せます。

〈習慣〉はやがてクセや流儀、特徴、果ては人格そのものになり、そして鳥かごの柵を担うほかの社員と同じように、自分が何者かを繰り返しささやきます。俺は怖いもの知らずの男。私はスポーツにノーを突きつける女。

もちろん、その〝声〟は心地よく響きますが、それが自分だと思い込むと大変なことになります。囚われの身になります。柵がプログラムになります。いつでも再プログラムできるコンピューターと違って、人間のプログラムは組み直せません。

だから私が、あなたをかごから一瞬でも出そうと、10年、20年、ときには60年持ち続けてきて、人種や目の色と同じ自分の核になった習慣をいったん手放しましょうとどれだけがんばっても、無意識の習慣的なパターンは再び這い寄ってきて、あなたをかごの中という、自分が自分でいられる場所へ連れ戻すのです。

習慣的なパターンを崩すには、一定の形にこねられる前の土に戻る必要があります。中有《ちゅうう》（わかりやすく言うと自由落下）の状態になり、少しのあいだ、確かな実体を持った存在であることをやめる必要があります。つまり、**「自分」でなくなる必要があるということです**。中有とは、中間的な状態です。そこでは人はもはや「これ」でもなければ「あれ」でもありません。

こう言う人もいるでしょう。「それってつまり、私はスポーツが苦手な女ではないってこと？　いやいや、それはありえない」と。そして、そのストーリーを証明する証拠を持ち出すでしょう。「だけど、俺は怖れ知らずの男だぜ」と言う人もいるでしょう。「それが俺だ」と。自分は生きる価値のないゴミの塊だと信じ込み、まるで（臭い）テディベアに抱きつくように、その思い込みにしがみつく人もいるでしょう。

新しい習慣を作るには、古い習慣の一切を手放す意思を持ち、しばらくのあいだ自分がわからなくなること、つまり無になることを受け入れなくてはなりません。それはすごく怖くて、ばかばかしく思える作業です。だから実行するには、強いモチベーションと変わりたいという意思が欠かせません。効果的な計画や手法も大切で、それがないと、すぐに安全な鳥かごへ逆戻りすることになります。

私たちはみなエゴに囚われて生きている

ここでエゴの登場です。エゴとは自分で自分をどう思うかという感覚、つまり自分の家です。そして、**エゴはあなたを閉じ込める鳥かごでもあります。**自分は自分だと考え、「私」や「私のもの」にこだわっている限り、エゴはあらゆる思い込みやストーリー、習慣に織り込まれ、エゴの中で生きるしかなくなります。かごの中の生活が当たり前になります。

エゴの檻には、性格や才能、崖からジャンプする能力などが詰まっています。どれもその人の大切なものです。その人自身です。

おもしろいことに、エゴはたいてい傲慢さやプライドの形であらわれます。「あいつはエゴイスティックな人間だ」というのは普通マイナスの評価ですが、**実際には誰だって巨大なエゴと確かなセルフイメージを持っています。**「自分が誰だかわからない」と口にする女の子も、自分が誰だかわからない人間だということははっきりわかっています。〈傲慢さ〉や〈自負心〉といった社員の〝声〟も、謙虚たるべしという巨大な思い込みも、どちらもエゴであることに変わりはありません。

エゴを超越しようという考え方もあります。私も話をその方向へ持っていこうとしていると思った人もいるのではないでしょうか。「エゴからの脱却。苦諦からの脱却。そうだろう?」

しかし、そうしたエゴの克服を訴える人たちも、よく見ると、たいていは「エゴを持たない」という強烈なエゴを持っているのに気づきます。かごの柵は外れたように見えて、実際はなくなってなどいません。ずっとそこにあるけれど、マジックミラーのように外からしか見えなくなっているだけです。**エゴはあらゆるものの中に隠れ、ストーリーや思い込みを作り出します。**無我と呼ばれる状態もそうです。エゴは人の運命です。とはいえ、なぜエゴを捨てる必要があるのでしょうか。人は人間として生きるために生まれてきた。でしょう? それなら、エゴがあってもいいではないですか。

エゴがなかったらあなたはなんなのでしょうか。無だ、とエゴは叫ぶでしょう。**エゴがなかったら、人は何者でもありません。**地面の水たまりと一緒です。

エゴは実際には社員の〝声〟ではなく、これまで紹介してきた〝声〟の「流れ」です。エゴはあなたをほかのもの、つまり人や自然、世界、さらには感情から切り離そうとします。エゴは変化を好みません。だから、本人を喜ばせたり、達成感を与えたり、成長や新しい現実への変化を促したりする力はほとんどありません。それはエゴの仕事ではありません。あなたがあなたとして存在できるように全力を尽くす。それがエゴの唯一の仕事です。

大まかに言えば、エゴと思考はほぼ同じものです。思考はかごの柵同士を共鳴させます。「自分には考えるべきこと、信じるべきことがあり、ストーリーがある。だから自分がある」。エゴがあるから、人はしっかりした確実な存在となり、思考がそれをサポートしながら、人を実体のある存在にします。

だから、他人がその現実に異議を唱え、思考やエゴにちょっとでも文句をつけようものなら、エゴは全力で抵抗します。自分の存在意義が脅かされているからです。

あなたも抵抗します。**自分が自分であるために、人は多大な労力を費やします。**人間は、8000キロの道のりを旅してきた列車のようなものです。そこまで来るのはとても大変で、たどり着いたのは何か意味のある場所だと思いたくなるのは当然です。

それに、視界がはっきりしたような気もします。エゴの助けで、自分や世界のあり方がはっきり見えるようになった感じがします。不安が和らいだと感じる人もいるでしょう。それには並大抵ではない努力が必要で、できるなら無駄にしたくありません。

そこへ、私のような人間が不安をテーマにした本を振りかざし、手に入れたものを全部捨てて別の道を行けと言ったらどうなるでしょうか。

ではそうしようと思えるでしょうか。不安の少ない明るい人生という目的地は同じなんだから、路線を切り替える必要なんてないと思えるのではないでしょうか。ですが、目的地は同じに見えるだけで、あなたのいまの列車では私の言う場所へはたどり着けません。本当かよと思い、私が真逆の方向へ連れて行こうとしているのではないかと疑う人もいるでしょう。

そういう人には、厳然たる真実を教えます。人間は、変化を繰り返す生き物などではありません。人には変化しかありません。もう一度言います。**人間には変化しかありません。**

こう考えてください。**自分はエゴではない。いつだってこねる前の土だ。かごから飛び出す機会はいつだってある。飛び立って、厳しい変化の風に吹かれ、5秒前とだって違う人間になれる**と。しかしそれには、その方法を知らなくてはなりません。

チベットの人は、人生には執着と嫌悪という二つの敵があると言います。執着はともかく、嫌悪はあまり馴染みのない考え方かもしれませんね。しかしこの二つのせいで、人は形のある土になり、柵のある鳥かごに囚われます。ひものない杭につながれます。これが苦諦です。

人はあらゆるものに執着します。服の好みや髪型、スポーツ、車、さらには好きな色。そうした小さなことにかまけていると、不安との付き合い方のような大事なことを忘れてしまいます。

離婚や加齢、死、変化への嫌悪感も執着を強めます。

自分がどこでも、なんにでも囚われていることがわかりましたでしょうか？

いつの間にか作り出された「自分」

ようやくここまで来ました。あなたを閉じ込めている柵そのものの話です。柵は本当にあるのでしょうか。あるように見えます。どれだけがんばっても自由や変化を阻むように見えます。

西洋心理学では、柵は確かにあるという考え方をします。西洋式のセラピーは、「あなたを解放します」という謳い文句とはうらはらに、かごにがっちり囚われた状態を作り出すだけです。セラピストは、患者に話して考えるよう促します。問題について話し、考えることで、思考を使って患者のアイデンティティを定めようとします。ストーリーや信念を語らせて、いつわりの自分を正当化し、習慣（たいていはいい習慣）を確固たるものにしようとします。

それどころか、思考を使って不安にまつわる問題を解決しようとします。思考こそが問題を生んだ原因だというのに。

セラピー以外でも、自分として生き、人はエゴであると信じること、つまり柵があると繰り返し確認するよう言われます。すると柵はやがて、本物の鋼鉄のようにしっかりした、固く太いものになっていきます。

とはいえ病院にいますぐ火をつけ、監房を抜け出し、中有になれば、エゴの見方は本当に変わるのでしょうか。

まさか。

だってそのわずか6秒後、無意識と思考、習慣に努力は台無しにされるからです。自分が実際に存在すると証明してくれる柵の中へ引き戻すからです。そう、エゴの中へと。

深呼吸を一つして、最初の疑問に戻りましょう。自分はいったい何者か。残念ながら「わからない」は答えになりません。ですが、エゴに引き戻されるまでのかけがえのない6秒間、こんな考えは浮かばなかったでしょうか。もしかしたら、本当にもしかしたらだけど、自分は習慣的なパターンや思い込み、ストーリーの集積なんかではないのかも。エゴの流れは自分なんかではないのかも。〝声〟の大きな2、3人の役員が作り出した「自分」にいつの間にか**縛られていただけなのかもしれない**、と。

理事会の見方は真実ではありません。あくまで仮の現実、もっと言うなら単なるイメージにすぎません。彼らはあなた自身ではありません。数人の〝声〟は、実際には単なる習慣であって、それ以上でも以下でもありません。

人間はもっと大きなものです。〝声〟はほかにもたくさんあります。

柵があるかどうかは大した問題ではありません。大事なのは、エゴがあるように見せ、本物だと言い張り、人生がそこにかかっているように思わせていることです。なぜって、エゴの存在価値はそこにかかっているから。エゴは死ぬまで本人と一緒にいて、自分の語るのが現実だと主張し、あなたを丸め込みます。

だから私のような説明の下手な不安の専門家では、思い込みを打破することはできません。あなた自身が、それが少数の社員の声で、自分自身ではないと認めなくてはいけません。

第5章
変わるために必要なこと

この章を読めば、これから自分がどうすべきかがわかるでしょう。本の後半に進み、考え方を転換する練習をするべきか、それとも少し時間を置いて、教えを受け入れるべきときが来るのを待つかがわかるはずです。

変わることに関心がある、あるいは関心があると気づいている読者の中にも、慣れ親しんだいつも通りのやり方にすぐ逆戻りしてしまう人がいます。スキーの世界にもたくさんいました。彼らはこう言います。「スキーがうまくなりたいんだ。そのためだったら何でもする！」と。ところが私が「それならこれをやってみて」と言うと、1回か2回練習しただけで、6秒後には以前の習慣的な自分に戻ってしまう。まるで、「すごく喉が渇いた」と言って水を渡されたのに、グラスを手にしたまま、突っ立って水を飲まず、喉が渇いたと繰り返し言っているようなものです。

なぜあなたは変われないのか

では、なぜそんなことになってしまうのでしょうか。お茶や水がほしいと言っておきながら、口にしようとしないのはなぜでしょう。それには二つの理由があります。

変われない理由①　変わるのはものすごく大変だから

「〇〇しなくちゃならないのはイヤだ」という文があったとして、あなたなら「〇〇」の部分に何を入れるでしょうか。

「始める」「取りかかる」「がんばる」などの言葉が入ったのではないでしょうか。私たちは、こうした言葉を数限りなく口にします。結婚をためらい、新しいキャリアに二の足を踏みます。「本当の人生を生きることに取りかかるのはイヤだ」もありえるでしょう。

高校や大学を出たら、学業は終わり。ですよね。週末にテニス教室に通ったり、最新テクノロジーをチェックしたりはいいけれど、ある年齢を過ぎたら学ぶのはもう終わりにして、好きなように生きたくなるものです。

ところが知っての通り、人生で何か大きなことをするのは大変です。そんなことは誰だってわかっていますよね。いきなりパッと喜びや光に包まれることはありません。パッとコンサートレベルのピアニストやガンジーにはなれるはずがなく、それには数えきれないほどの練習と、数えきれないほどの目覚めが必要で、誰もがその苦行に耐えられるわけではありません。

それなら、行き詰まっているほうがよっぽど楽だと思うのも、仕方ない話です。

変われない理由②　必要に迫られない限り変われないから

準備が終わるまでは、準備はできません。人生にはやることが山積みで、いつも忙しく、本当の自分を見つけることは最優先ではありません。だから、この本の後半を読む余裕がない人もいるでしょう。この本は万人向けでもなければ、いつ読んでもいいものでもありません。

だからといって、いつまでも読むべきときが訪れないというわけでもありません。そうすべきだと感じさえすれば、いつでも用意はできています。今日その気にならないなら、いったん本を置いて別の日に読み返せば、別の読み方ができるかもしれません。

＊

もしあなたが、他人から「あなたにとって何がベストかはこちらですべて把握している」と言われたらどう思うでしょうか。仮にその意見が正しくても、聞く気になどならないのではないでしょうか。というより、怒りや抵抗、さらには敵意を感じるのではないでしょうか。その理由は七つあります。

1　新しいパターンや手法を導入するには、安全圏を遠く離れなくてはならないから。

2　新しい何かを試すには、いままでやってきたことは間違いだと認めなくてはならないから。

3　無意識に潜む謎を探る旅は恐ろしいから。
4　前へ進むには汚れ仕事をこなさなくてはならないから。
5　人はコントロールが好きだから。
6　いままでと違う疑問を自分に投げかけるのは簡単ではないから。
7　自分の枠を広げ、いまよりも大きな人間になる必要があるから。

これらはどれも、不安を避ける「言い訳」としては筋が通っていますが、戦う動機にまでなるのはなぜでしょうか。それは、自分を否定する人間があらわれ、壁を背にして逃げられない極限の不安の中では、できることはただ一つ、戦うしかないからです。

不安というテーマに取り組むようになるずっと前から、私の依頼人には「はあ?」と言ってこちらを罵る人や、「違うよ!」と叫ぶ人がいました。自分のエゴやストーリー、思い込みを守るためなら、人は死ぬまで戦うのです。中には、手にしたものがこぼれ落ちるところを見るくらいなら、相手を殺したって構わないと考える人だっています。

Episode

以前、命がけの偉業を成し遂げたいと考える40代の男性から相談を受け、2時間のセッションを行いました。男性は、20年以上もトップレベルを維持するプロのエクストリームスポーツ選手で、全国番組でスタントをやる予定でした。すでに2回失敗し、どちらも死にかけていました。セッションの翌日が最後の3回目の挑戦だったので、不安を乗り越えたいという思いで私のところへ来たわけです。

こういうとき、私はまず、答えを与えるのではなくて質問を投げかけるようにしています。人にはそれぞれその人なりの不安との付き合い方があるから、まずはその人固有の不安の扱い方を見つける必要があります。

1時間ほどたったところで、私は「では不安の声に耳を傾けてみましょう」と優しく言いました。そしてすぐに、男性が自分の望むスポーツマンでいるために、数十年にわたって不安をきつく押さえつけてきたことがはっきりしました。習慣的なパターンは繰り返しすぎたせいで効果を失い、むしろ完全な逆効果になっていました。

これは困ったぞと思いました。非常に難しいケースだったからです。不安を抑えることにすさまじい労力を払ってきた人間のパターンを、1回のセッションでリセットするのは簡単ではありません。やったことがないわけではなかったけれど、今回は相談者の命がかかっていました。

不安を長く押さえつけてきた人間の常で、男性は心がぼろぼろになっていました。人間関係が破綻し、うつに悩まされていました。冷静さを保てず、神経質で落ち着きがなく、少し正気を失っている感じがありました。それなのに、その理由が本人にはまったく見えていませんでした。どうしよう、と私は思いました。この人の人生を一変させ、スタントの助けになる解決策を、私は握りつぶそうとしている。

それでも、私は動きませんでした。

何もしませんでした。

私は、男性の中の不安を放置しました。男性が私を雇った目的が、幸せな人生を送ることではなかったからです。男性は、そのことへの準備と関心がありませんでした。目的はスタントの成功だけ。そんな人に使い方のわからない新しい武器を与え、オオカミの群れに放り込んだらまずいことになります。

だから、かわりに彼の中で眠っていたいくつかの〝声〟を呼び覚ますだけで、いままでとは違う道へ引っ張り込むようなことはしませんでした。

新しい靴に履きかえてマメを作るよりも、汚いけれど履き慣れた靴でもう少しだけ歩き続けてもらったほうがいいことも、ときにはあります。

人がアドバイスに耳を傾ける瞬間

私がこれからあなたにお伝えすることに耳を傾けてもらうためには、いったいどうすればいいのでしょうか。不安は邪魔ものなどではなくてかけがえのない財産なのだというメッセージを、あなたが吐き出さずに飲み込めるようになるにはどうすればいいのでしょうか。転機はいつやってくるのでしょうか。

その瞬間は三つあります。

1　真実に気づいた瞬間

不安には、それを不快なものとしてそのまま受けとめるタイプの不安と、充実感や自由、生きている実感がなく、成長もできないというタイプの不安の2種類があります。要は、クソみたいなものを引き受けて痛い思いをするか、引き受けずあとでもっと痛い思いをするかのどちらかということ。後者が勝った瞬間、あなたは真実に気づき、行動しなければと感じるのです。

2　どん底まで落ちた瞬間

植物の中には、山火事の高熱ではじめて種の固い殻が割れ、ようやく芽吹くものがあります。

抵抗する力が失せ、苦悩がどうしようもなく深まり、背負いきれないほどの重さを感じて、不安をやり過ごす痛みが不安と正面から向き合う痛みよりも大きくなると、ついに疲れ果て、がんばるよりあきらめたほうが楽だと思うようになります。そこまできてはじめて、あなたはこれまでのやり方をやめ、重荷を下ろし、本当の自分になっていきます。

3　死の瞬間

そこまで行ってようやく穴から抜け出せた人、そこまで長くかかってしまった人は、最後の瞬間、もう一度チャンスがあったら、不安をはじめとする1万人の社員を敵視するのではなく、仲良くなるのにと思うでしょう。

さあ、どれがいいですか？

フランスの作家シャルル・デュ・ボスは、「大切なのは、未来の自分のためにいまの自分をいつでも犠牲にできることだ」と言っています。**自分は変われるという事実を無視できなくなる瞬間、「不安は悪」というのは一面的な見方にすぎないと気づく瞬間は、誰にでも必ず訪れます**。その瞬間こそ、大切な問いを自分に投げかけ、旅を始めるべきときです。行動を起こし、自ら不愉快なものに手を伸ばすべきときです。

その瞬間、あなたはようやく、私からのアドバイスに耳を傾けられるようになります。

では、始めるとしましょう。解決の時間です。あなたも、私と同じようにワクワクしていてくれればうれしいです。なぜって、私のアドバイスを聞いてくれる気になったなら、それはあなたがついに、輝きと、そして不安に満ちた人生を送れるようになるということだから。

Part.3
シフトー
不安を
自信に
変える
技術

第6章
新しい考え方を手に入れるには

この章ではまず、何を修正すべきかをお話しします。

あなたはこれから、数ある不安の中で最も大きなもの、つまり「未知への不安」という領域に入っていかなければなりません。これからどうなるかわからない。自分がどうなっていくかもわからない。わかるのは、いままでとはまったく違うということだけです。

新しい道を選ぶには、自分自身のことを根本的に勘違いしていたと認めなければいけません。自分がわからないと認めなくてはなりません。これまで教わってきた不安に関する情報をすべて忘れ、不安を引き受けることを避けて不安感情を無視し、勘違いしていたと認める必要もあります。それができてはじめて、不安そのものという不愉快な領域、未知の領域へ跳び込む意思が持てるようになります。

地図のない、クレイジーな道を行くこの冒険は、いったいどんなものになるのでしょうか。行く手には危険がいっぱいのように思えます。前へ進むには、使い込んだ人生の手引きを捨てなくてはなりません。喜びや愛ではなく、衝突や不快感を追い求めなくてはなりません。少なくともひとまず、光より闇を選ばなくてはなりません。

ですが、**道の向こうにいままで以上の光が待っている**ということだけは約束しましょう。あなたは、これまでの人生で確固たるものを数多く手に入れてきました。けれどそれを捨てることさえできれば、あなたはそのいずれとも比べものにならない存在になることができます。

不安を感じる勇気

その用意ができた方は、ようこそ第6章へ。変化はここから始まります。

ここまで来ることができたということ自体、喜ばしいことです。喜ぶべき理由はいくつもあります。

まず、これを読んでいるあなたはきっと、第3章で説明したような問題に見舞われて、「これはまずい」とこの本を手に取ったはずです。だとすれば、危機を無駄にしなかったわけです。危機は進化を促します。問題を自覚していなければ、輝ける人生への扉は閉まったままです。問題を認識してはじめて扉が見えてくる。問題が大きいほど、扉も大きくなり、この本から得られるものも大きくなります。

次に必要なのは勇気です。**この恐ろしい世界で生き残るためには勇気が求められます。それは、「不安を感じる意思」という勇気です。**自分が何者かを考えずにいたり、忘れたりするのは実に簡単ですが、それは勇気ではありません。そこは誰でも行ける意気地なしの道です。ただ働き、食べ、家を改築し、貯金し、「もしああだったら、もしこうだったら」と繰り返すだけの人生を送っていたら、大きな転換を行うチャンスをあっさり逃してしまいます。

すばらしい何かを手に入れるには、もっとつらく困難な道を行かなくてはなりません。内なる自分を見つめて100パーセント自分になり、時機を見はからって自分が何者かを探り、暗闇の中へ跳び込む意思を持つ。それができる人は、絶対に弱虫などではありません。**不安感情を引き受けるのは、勇敢な人にしかできません。**

あなたは今、かつてなく大きな舞台でプレーする準備ができています。

不安に向き合おうとする新しいエネルギーのほとばしりは、自分の人生だけではなく、周囲の人にもいい影響を及ぼします。自分の存在に責任を持つと心に決めた瞬間、エネルギーは周囲へ力強く波及していきます。

そうしてあなたは、この時代で最も勇敢な戦士へと生まれ変わるのです。

不安と向き合うときに大切なこと

毛虫は、ずっと毛虫のままでいることはできません。場所を決め、新しい自分への変身を始めなくてはなりません。

あなたは、どんな新しい自分になるでしょうか。なんであれ、羽化はあっという間の出来事です。科学に交通、コミュニケーション。世界は短いあいだに大きく変化しました。新しいツールや情報が生まれ、人間はよかれ悪しかれ次の段階へ進めるようになりました。

感情にも同じことが言えますが、この部分の変身は少し遅れ気味のようです。私たちはまだ、感情を抑えても困ったことになるだけで、受けとめたほうが実りある人生を送れると、ようやくわかり始めた段階です。それでもスタートはしています。その道へ先駆者として最初の一歩を踏み出すのは、怖ろしいと同時にとてもエキサイティングです。道はどこまで続くでしょうか。旅の果てには何が待っているでしょうか。

最初の一歩は、ホースの詰まりを取り除くこと、言い換えるなら、タイヤを溝から出すことです。昔、キャベツ形の貯金箱というのがありました。貯金箱はカビの生えたキャベツに似ていて、お金や貴金属を入れて冷蔵庫にしまっておくと、腐りかけていて気持ち悪いから泥棒も詳しくは調べないというコンセプトでした。

私たちはこれから、自分のカビの生えたキャベツを手に取り、興味深く見つめる練習を始めます。家の中で一番ドロドロの気持ち悪いものに触れ、よく調べ、パカッと開いた部分から中を確かめます。**この本の最大のテーマは、その好奇心に火をつけることです。**

ポイントは、シンプルな質問を自分に投げかけ、だけど確たる何かをつかもうとしないこと。セラピストがよくやるような、感情について考え、話そうとするのをやめることです。これからあなたは、感情をコントロールすることはしません。ただ注目して、自分の身体が何を感じているのかに興味を抱き、感じることを身体に許してやるのです。

私は、あなたが自分の感情と、感情のパターンにチューニングを合わせる手助けをします。

そう、感情にはパターンがあります。ブッダには、短剣で刺されると、短剣がつまようじくらいになるまで自ら巨大化して、ピッと剣を抜いてしまったという逸話があります。興味を持ちましょう。短剣が成長のきっかけになるか殺しの道具になるか。狭い体験や見方に囚われるのをやめ、パターンを見つめられるかは、あなた次第です。

そしてもう一つ、**しがみつくほど大切なものなんて一つもない**、というのも重要な考え方です。だから目標は定めないのがベストですが、ないと落ち着かない方はこう考えてください。「自分はもう、不安や怒り、苦しみを克服する道を歩まない。その状態をただ受け入れ、満足し、さらには好きになる。ときに怖ろしい状態をすすんで受け入れる。いいも悪いもひっくるめて、人生のすべてを愛す。悲惨な自分にも満足できる人間になる」

悲しいやり方だと思う人もいるでしょう。だけど、やってみるとそれが美しいということがわかります。「なんだ、壊れてなんかいないではないか」と、ようやく気づくことができます。**人は100パーセント不完全で、そのままで最高な存在なのです。**あなたにはそれが見えていなかっただけです。いままでのあなたは、自分の座っているのが金貨の詰まった壺だと気づかないまま、もっと金をくれと叫んでいた物乞いだったのです。

誰かとのこじれた関係を終わらせたいなら、まずは一緒の席に就こうとすることが大切です。恋人でも、両親でも、子どもでも、友人でも、感情でも、1万人の社員でも。そして、自分がひどい奴だったと認めること。たくさん話し、自分の意見を脇にどけ、相手を尊重して謝ること。すると、すべてが変わります。あっという間に変わっていきます。

「己の欲するところを人に施せ」。これは人生の黄金律です。誰だって、欲するものは同じです。敬意に信頼、愛情、そして意見を聞いてもらえる機会。あなたの会社の社員も同じです。それが彼らの要望です。

ネガティブな感情を信頼し、彼らに興味を持ちましょう。権限を与え、敬意を示しましょう。そうすれば向こうも、地下室でこっそりひねくれた働き方をしなくなります。まったくの別人に変わり、正反対の働きをしてくれます。会社の財産や仲間になって、ベテラン社員として会社に鋭い意見やモチベーション、明確なビジョンをもたらします。彼らに敬意を払いましょう。そうすれば、楽園への扉はすぐに開いて1万人の〝声〟は1万人の友人に変わり、やがては1万の知恵になります。

私は新しい相談者には必ず不安から始めるよう言います。不安との関係で行き詰まる人が多いからです。不安との関係が直らない限り、次のステップへは進めません。暗い〝声〟の最大のエネルギー源は不安です。不安に対処できればほかもうまくいきます。

つまり、**自由を得るために大事なのは不安を感じる練習です。不安を引き受け、不安からの解放を感じることができれば、不安のほうも解放されたと感じ、身体が歓喜に沸きます。**盗っ人やならず者を遠ざけていては完全な自分になれず、健康や驚異の力も手に入りません。「悪者」を受け入れれば、もっと完全な自分になれる。そして完全に近づけば、人間としてのスムーズな流れも手に入ります。

第5章で話した通り、思考とその仲間が作り出すエゴの流れからは誰も逃れられません。エゴは人間の運命です。ですが同時に、人はほんの数人の〝声〟以上の存在のはずです。

本当の自分になるには、まず不安といい関係を結ばなくてはなりません。**不安とのいい関係は、自分の核になります。核がなければ道を最後まで行くことはできず、本当の自分にも届かないままです。**基礎をしっかり造らないでペントハウスを建てようとしても崩れてしまうように。大切なのは段階的に進める姿勢。まずは自分自身との良好な関係を築くことから始めなければなりません。

そしていま一番にやらなくてはならないのは、自分の感情と向き合うことです。それができてはじめて、意識のもっと高い段階へ到達できます。

やってはいけないこと

そうはいっても、何から始めたらいいかわからない人も多いでしょう。いまのあなたは、新しい旅を始めたいけれど、感情といい関係を築いた経験がないから、足を取られ、前が見えず、杖を失って堂々巡りし、それでも立ち上がって家を目指そうとしている状態です。旅にはガイド、つまり「前が見えないのは目を閉じているからですよ。まずは目を開けてみましょう」と言う人が必要です。あとは家までの地図。

そのガイドを、これから私が務めます。

蒸気機関車が目的地へたどり着くには、蒸気と線路の二つが必要です。

あなたが用意するのは蒸気（正しい心構え、情熱、変わりたいという意思）、そして私が提供するのは線路（正しい考え方と方向性、手引き）です。

まずは行ってはならない場所、やってはならないことを説明しましょう。

西洋哲学では、心に火がつくことを「心の電球のスイッチが入る」と表現します。しかし東洋哲学では、電球のスイッチを入れたら心が消えると考えます。西欧では、知性（つまり思考）を使い、まるで壊れた車を修理するように問題の修正に取りかかることが、電球をつける行為に当たります。

西欧人は、こうした認識的な知性を最優先に育んできました。だから中には、理性と知性に乗ってかなり遠くまで行った人もいるでしょう。しかし、**思考を使えば心理、精神、身体、感情のどんな問題も解決できるという考えは間違いです。**

知性は美しいツールですが、愛や感情、あるいはエゴを上回る大きな体験をしたいときにはひどく邪魔になります。というより、考えてばかりだから感じられないと言ってもいい。その列車に乗っていると、「自然な本当の存在」という駅からどんどん遠ざかり、解決策からも離れていってしまいます。

つまり、「賢く」なるほど家は遠ざかり、旅は過酷になる。**不安にまつわる問題を解決したいなら、自分の中にある未知の知性にアクセスしなければなりません。**あなたがこれまでないがしろにしてきた悲運の知性、だけどずっと息づいていて、注目されるのを待っている優れた知性です。

それを手に入れるには、いまから挙げる「賢い」人間の行動を取ってはいけません。

セラピー　知性を使って感情の問題を解決しようとするのは時間の無駄です。「不安との関係を改善する必要がある」と考えた瞬間、思考に支配され、完全に迷子になります。

いろいろと振り返る　昔の知り合いに連絡を取って、何が起こったかを話し、謝ってもらう必要もありません。それではかごを抜け出すどころか、柵が強固になるばかりです。大切なのは不安と自分との関係で、それは過去ではなくいまこの瞬間にしか存在しません。

過去に意味を求める　過去へ立ち戻り、自分が不安を抑え込むようになった原因を両親や教師、軍隊、社会といった人やものに求める必要はありません。

全力でがんばる　ここからは、意志の力ではどうにもならない領域です。不安と新しい関係を築くのは、川になれという命題と同じぐらいシンプルで、同じぐらい難しいものです。

予定を立てる　計画を立てると必ず失敗します。「取り除くために不安を受け入れる」と予定を立てれば、それは形を変えた不安の克服になってしまいます。

目標を立てる　目標は捨てましょう。目標は緊張を生みます。

良くなった自分を想像する　今回やろうとしているのは改善ではありません。ただ、そこにいることです。元々の状態を離れてはなりません。

希望を抱く　希望にしがみつくのもやはり緊張を生むだけです。希望を抱くと、いまよりもいい未来にばかり目が行きますが、人はいまの自分を失ってはなりません。

答えを探す　人生には答えのないことがあります。答えを探すほど、どうやれば乗り越えられるかばかりが気になって、感じるのではなく考えるやり方に戻ってしまいます。答えを探すのではなくて、ただ疑問を持つようにしましょう。

確かさを求める　ずっと変わらないものなんてありません。どんなものも6秒後には変わっていきます。ただ、不安との新しい関係性に身を置けばよいのです。

自分を手放す　過剰なストレス、不安、怒りの〝声〟を排除しないようにしましょう。それらに気づき、認識し、興味を持つ。それが私たちの練習です。

やり方を尋ねる　ブッダはたった一つの発想の転換で悟りに至りました。それは、「方法」を自らに問うのをやめること。ただやれば、答えは自然と訪れます。

すべてを完璧に知ろうとする　不安をはじめとするいろいろなものを理屈で理解しようとするのはやめること。世の中には説明のつかないことがたくさんあります。ですが感じ、認識し、さらに場合によってはそのものになることはできます。

思考から距離を置くには

思考は、感情を味わうのに向いたツールではありません。にもかかわらず、人は思考を使って感情を理解しようとする。なぜでしょうか。

理由は、思考が人生を支配しているからです。だからこの問題も支配しようとしますが、思考は明らかに力不足です。

これは、工具箱にドライバーしか入っていないのと同じです。ドライバーはとても便利ですが、それだけで家を建てることはできません。

思考は美しいツールですが、同時に暴君でもあります。思考にすべてを任せると、人生のポテンシャルは狭まります。

それでも思考は、不安にまつわる問題を作り出しているのが自分なのに、解決策を求めます。私たちが使うべきは、思考の勘違いでしょうか、それとも知恵でしょうか。

勘違いを使うとはつまり、思考が主体になること、つまり思考こそが人間で、自分は思考だという思い込みに囚われることです。そうなるとほかの視点が持てなくなります。

一方で知恵を使うとは、**思考を客観的に捉え、思考は人間ではないし、自分は思考ではないと意識すること**です。それができると、思考はすばらしいツールだと客観視しつつ、新しい視点が手に入ります。選択肢は二つ。苦しむか、それとも苦しまないか。

思考を主観ではなく客観で捉えるやり方へのシフトは、人生で最も大きな一歩になるでしょう。それができれば思考の拘束から解き放たれ、ほかの9999人の社員の〝声〟を聞き、使えるようになります。

実際に〈シフト〉を行う前に、まずは一歩下がって、人が思考に頼りがちな理由を考えてみましょう。そこをはっきりさせないと、思考を使った習慣的なパターンにすぐ戻ってしまう理由もわかりません。

思考の仕事は考えることだけのはずなのですが、あなたは思考に多くを求め過ぎます。現実とそれ以外の違いを解析しろ、物事をはっきりさせろ、理解しろ、思い込みのギャップを埋めろ、完璧な決断をしろ、そして一日が終わったら静かに理路整然と振り返れ……。そうやってたくさんのことを期待します。

ですが、その要求をしているのは誰なのでしょうか。疑問を投げかけているのが本当の自分なのではないでしょうか。

思考から距離を置いた瞬間、自分と思考との関係がいかにねじれているかがわかります。

逆に言えば、そこに気づかない限り、自分がなんでそんな行動を取ったか、なんで過酷で、代わり映えのしない、ロボットのような人生を送っているのかもわかりません。しかし気づき、思考との関係を意識できれば、観察ができます。疑問を持ち、異議を唱え、思考の言うことをうのみにせずに済むようになります。いままでとはまったく異なるレベルで目覚め、急に選択肢が増えます。

その過程は賢く進めなくてはなりません。このパートを読んで、思考を捨てなくちゃと思った人もいるでしょう。思考のせいで愛が手に入らない。思考のせいでつながりが手に入らない。思考を意識する練習を積んだ人は、そうやってかごから羽ばたくための次のステップとして、思考を捨てたがります。「考えない」ためのワークショップや本もたくさん出ています。

しかし、この本は違います。

思考を「捨て去ろう」というよくあるアドバイスは、私が知る中でも最悪のアドバイスです。そういうことを言う人が近くにいたら、クビにするか、考えを改めさせることをおすすめします。**何かを捨て去るなんてことをする力は、人間にはありません。**思考でも、悲しみや不安でも、1万人の〝声〟でも。川や力の流れを変えることは人間にはできません。

それに、自分が何を捨てようとしているかわかっていない人もたくさんいます。〈思考〉や

〈不安〉、〈悲しみ〉を捨てたと思っていたら、実は〈こだわり〉や〈抵抗〉、〈コントロール〉といったまったく別のものを捨てていたということもよくあります。

さらに、捨てるというのはいかにも消極的な行為です。食事をしているときに、食べ物を手放そうとするようなもの。〈思考〉や〈思考〉の考え、その他社員の〝声〟は活用するためにあります。栄養にするためにあります。

だから私は**「そのままにしておく」**ことを提案します。まずは社員たちの悲しみや不安を理解し、実体を持たせましょう。おかしな思考がおかしな考えを持っていたなら、おかしなままでいる。悲しみなら悲しみに沈む。不安でも、苦しみでもなんでも、まずはその場にとどまって学ぶ。そこには知恵のジュースがあふれています。一滴残らず飲みほしましょう。

それを最後まで続けることができれば、思考や感情から学べるようになれます。そのとき、前へ進む準備ができたとわかるはずです。しかも前進は簡単にできます。あなたのほうが1万人の社員をそのままにしていれば、向こうもあなたを自由にしてくれます。

次章から始まる〈シフト〉は、洗練された新しいシステムにして地図です。私はモダンなガイドです。思考から自由になることで思考を落ち着かせ、不安をはじめとする〝声〟にアクセスする一番の近道をお教えします。思考をコントロールする必要はありません。

コントロールできることに集中する

とはいえ、変わろうとしているときに、何もコントロールしないというわけにはいきません。では、できることはなんでしょうか。それは、**不安をもたらす「状況」をコントロールすること**です。スキーを学ぶのが怖いなら、スキーを学ぶのをやめる。そうすれば不安は感じない。これは不安そのものをコントロールしているわけではありません。

たとえば、逃げてばかりの人生はイヤだとスキーに挑戦したとしましょう。そして最初のレッスンで転ばずに滑りきることができたとします。やったね！　しかし、この段階で「不安を克服した」と思うのは間違いで、不安は依然としてそこにあります。その人は不安を克服したわけではなく、状況を乗り越えただけです。

不安はたいてい、心のプリズムを通じて解釈されます。不安自体は人を動かしません。動かすのは不安への解釈です。不安をいいものと解釈したなら、体験を楽しめる。悪いものと解釈したなら、楽しんだり、全力で味わったりはできない。大事なのは、人生や現実、不安をどう捉えるか。すべては捉え方です。

つまり、不安をコントロールしたり変えたりすることはできませんが、「悪い」社員に対する見方を変え、コントロールする力はあります。そしてこれこそが、コントロールする能力の一番いい使い道です。

過酷な体験を乗り越えるとは、正確には克服ではなく、不安を楽しんだということ。〈不安〉は出し抜けませんが、〈コントロール〉の助けがあれば、状況を出し抜くことはできます。

〈不安〉との関係をやり直すために、〈コントロール〉にこう促しましょう。「コントロールできないことにこだわるのはやめて、コントロールできることに集中しよう。その区別を理解しようよ」

〈思考〉は手なずけられる動物ではありません。再プログラムの必要なコンピューターでもありません。〈思考〉はとても大切なものです。非常に重要な個人であり、会社に欠かせない役員です。そして本来の役割や、やるべき仕事に集中させてあげれば、すばらしい働きを見せます。それは〈不安〉や、〈トカゲ脳〉も同じ。この本の最終目標は、社員全員のポテンシャルをフルに発揮してもらうことにあります。彼らは無意識の世界から意識の世界に影響を及ぼす、とても有力な社員です。

では、重要で賢い社員に最高の仕事をしてもらうには、どうすればいいのでしょうか。

それは、社員にやるべき仕事をやらせることです。**社員のことをよく考え、興味を持ち、敬意を払い、心を寄せること**です。それが、すべての社員が最高の仕事をできるようになるたったひとつの条件です。

第7章
身体の〝声〟に耳を傾ける

最初に「5つの質問」を問いかけよう

ここから、〈シフト〉の手続きは始まります。新しい自由まではあとすぐです。あなたはいま、かごの外に出ました。もう思考に悩まされなくて済むはず。ここからは、感情を味わうという仕事に取りかかり、感情の問題を感情的に解決する段階です。

これまでは、人生という美しいギターを手にしながら、2、3種類のコードしか弾けないギタリストのようなものでした。ですがいまは無限の可能性が広がっています。気づかなかった無数のコード、無数の楽器が手の届く場所にあります。さあ、心をめいっぱい使い、フルオーケストラの美しい音楽を奏でましょう。

「感情的知性」が、私たちの次のコードです。それを見つけましょう。

ここで、感情と理想的な関係を築くまでのステップをご紹介します。

ステップ1　〈思考〉が自分ではないことに気づく。

ステップ2　感情を味わう身体の知恵を取り入れることで、何かを感じる余裕が持てるようになる。

ステップ3　不安感情の存在に気づき、身体の中にある〈不安〉とともにいられるように

なる。

ステップ4　〈不安〉と一体化できると、ほかの〝声〟を聞く余裕も生まれる。

ステップ5　頭と身体から解放され、本当に大事なものを受け入れる余地が生まれる。

ステップ6　知的なもの、身体的なもの、感情的なもの、精神的なもの、すべての知恵を活用し、完全で自由な存在になる。そして、「自分は何者か」という問いの答えを得る。

6番目の段階へすぐ到達したいと思った人は、その時点で負け。まずはこう考えてください。やらなくてはならないのは、自分が100パーセントの存在であると気づくこと。自分よりほかに、たどり着くべき場所などありません。そのために必要なのは、痛みのともなう大きな問いかけを自らにすることだけです。

その問いとはこうです。

質問1　自分は何者か。

質問2　なぜ存在するのか。

質問3　自分が存在する意義とは何か。

人生の質は、自分に日々投げかける問いかけで決まってきます。この旅はここが出発点です。その上で尋ねるべき大きな問いがあります。

質問4　自分は何を感じているか。

私たちが人として生まれ落ちた理由はただ一つ、感じるためです。自分の胸に何を感じているかを問いかけ、答えをほんの少しでもかいま見ることこそが、生きている実感を得るために必要な唯一の作業です。

それができれば、さきほど挙げた6つのステップが全てできるようになります。

この問いに答えるのは、感情を抑え込んできた人にとっては難しいかもしれません。そんなときは、次のような問いかけをしてみることをおすすめします。

質問5　自分は、不安という感情とどんな関係を築いているか。

答えはもう出ていると思った人は、新しい体験に対してまだオープンになれていません。答えを「見つけた」という思い込みは、本当の答えを意識できていない証拠です。**本当の答えに至る道は、常に「わからない」から始まります。**自分が何もわかっていないと気づき、まだ答えが見つかっていないという認識が深まるほど、さまざまな物事への意識が高まります。

最初は何も知らない状態から始めなくてはなりません。何もわからず、答えのない混乱した状態のままじっと座っていなくてはなりません。何もわかっていないと認めれば、新しい体験を受け入れるスペースが生まれます。

不安との関係は無意識の世界にあるので、答えがすぐに見つかることはありません。最初はわからないところから始めるのです。そして、興味を持ち続けてください。それこそが、心を自由に羽ばたかせる方法なのです。

それができると、「自分は何を感じているか」という問いかけが自然にできるようになります。答えを探す必要はありません。答えは向こうからやってきます。

これが、私たちのやるべき練習です。不安を取り除こうとするのはやめて、ただ問いかけましょう。ただ問いかけ、それ以上は何もしない。答えが身体の中に見つかるまで、質問を繰り返すのをやめないでください。

これが不安との最良の、しかも簡単な関係の築き方です。真の知恵は、無知の先にこそ眠っています。

感情が発するメッセージに耳を傾ける

学びはどれも、自転車の乗り方を学ぶことに似ています（実際に自転車に乗れるようになることにも）。最初は三輪車から始めて、次に補助輪をつけて自転車に乗り、それができたら補助輪を外す。何回か転ぶこともあるでしょう。そうやって一歩ずつ目標に近づいていきます。

それは今回の〈シフト〉の練習も同じです。私たちが目指しているのは、不安との関係を良くすることだけではありません。人間であることや、不安、あらゆるものと一緒に道を最後まで行くことです。人が100パーセント自分であるためには、自分の勘違いを理解し、不安がもたらす最悪の不快感を受けとめる必要があります。

今回の学びの旅でも、自分に一つずつ質問を投げかけ、問いかけを通じて自分を知っていく必要があります。それができれば、一歩ずつ、100パーセントの自分に「なる」ことから、100パーセントの自分で「ある」ことへと近づいていけるのです。

次の一歩は、**あなた自身が〈思考〉とともに、9999人の社員を観察し、それぞれが発するメッセージに耳を傾けること**です。相手が〈不安〉なら、〈不安〉そのものからメッセージを聞く。それはきっと「怖い」や「無視されていると感じる」というシンプルなものでしょう。質問し、耳を傾けるだけで、向こうは真実を話してくれます。〈喜び〉や〈怒り〉、

〈悲しみ〉、〈絶望〉。みんなの語る様子を、ただ観察しましょう。いまという瞬間に感じている感情が教えてくれる真実に気づき、体験すること。いい感情と悪い感情を区別しないようにしましょう。

そうしてはじめて、感情たちはメッセージを伝えてくれるようになります。〈嫉妬〉はアドバイスを、〈憎しみ〉は情報を、〈心配〉はひらめきをもたらすでしょう。こうした知恵に目を向けるのに必要なただ1人の社員、〈好奇心〉に活躍してもらうのです。

シフト――不安を自信に変える技術

さあここで、まったく新しい世界、いままでとは別の形の意識が見えてきます。〝声〟を見つけ出し、その中に跳び込みましょう。あなた自身がその社員になるのです。最初は身体から始めましょう。

あなたはすでに、私たちを構成する1万の〝声〟のいくつかを耳にしてきました。私は、あなたは〈思考〉ではないし、〈思考〉もあなたではないと言いました。そして、個々の社員の役割を客観的に観察しよう、とも。

ですがここからは逆に、社員とつながり、思っていることを感じ、彼らになることを学んでもらいます。まだ紹介していない人も含めたすべての社員にです。

喜びについて考えることは一つの体験ですが、喜びそのものを体験することはまた別の体験です。「喜びを感じる」という段階ではまだ、あなた（主体）と喜び（客体）とを隔てる壁が残っています。喜びになるのは、さらにまた別の体験です。それには壁を取り払わなくてはなりません。感情を味わうのはまだ中間地点。**感情になりきってはじめて、彼らが語る本当の真実、知恵、体験にアクセスできます。**

すると彼らは社員ではなく、あなたの一つの「状態」になります。身体そのものになります。これはまったく新しい体験ではないでしょうか。

これが、不安を自信に変える技術〈シフト〉です。

自分がいま何を感じているかを把握し、感情そのものになるには、シンプルに、あらわれた感情の〝声〟で話すことです。それを社員一人ずつで試していく。

〝声〟に注目することで、それを理解したいという自分の思いに気づくことができます。そうして、エゴという殻を脱ぎ落とすのです。その瞬間、あなたは「いまの自分」からシフトして、理解しようとせず、その〝声〟そのものになります。

新しい部屋へ入るように、〝声〟の内側に一歩踏み込んで、〝声〟の言葉で話してみましょう。

Episode

切り立った崖に立ちながら、私は額を雪に押しつけ、少しでも身体を休めようとしていました。雪に向かって荒く、まるで雪を愛しているかのように熱い息を吐きながら、耳の奥で鳴る小さくリズミカルな鼓動を聞いていました。口からゆっくりよだれがしたたりました。私はがばっと身体を反らし、太陽に顔を向けました。

バックパックの両側に1枚ずつ固定したスキー板は、てっぺんで結び合わせて三角形を作っていました。板の重さを感じました。私はまた山を登り始めました。

それは、私にとって2回目となるグランドティトンへの挑戦でした。グランドティトンは、ワイオミング州のジャクソンホールにある標高4000メートル強の山です。

グランドティトンは、1回目の挑戦で滑りきったスキーヤーがひとりもいないと言われている山でした。3週間前、私はそのわけを身をもって知りました。グランドティトンは、まるでアイスクリームの三角コーンのような底なしの山です。コーンのへりまでまっすぐ上っていって、ようやくここからアイスクリームだと思って上を見上げると、待っているのはアイスなどではなく、冷凍焼けした食べ物のようなひどい状態の斜面だと気づきます。下を見ると、今度はショッキングなほど急な断崖が目に入ります。「嘘でしょ」と言ってきびすを返したくなるような崖。少なくとも、1回目の私はそうしました。

そこに私は戻ってきていました。チームは4人。コーンを登るには、まず300メートルの急斜面を一気に登りきり、続けてもう一つ、ほとんど垂直の氷の壁のようなこれまた300メートルの斜面を上がらなくてはなりません。雪崩の危険があるのですばやく移動しなくてはならず、しかもザイルでお互いの体をつないでいるひまなんてなかったので、600メートルのほぼすべてをロープなしで登らなくてはなりませんでした。

コーンのふちに着くと、今回のアイスはほぼ垂直な上に溶けかかった状態で乗っかっていました。ずり落ちる寸前とは言わないまでも、それに近い状態なのは間違いありません。斜面の真ん中には、前回の雪崩でできた深さ1・5メートルほどの溝が走っていました。次はそこを上がっていかなくてはなりません。

私は歴史を作ろうとしていました。

身体の〃声〃を聴く練習

何かを感じるのは頭ではなく身体です。それが基本です。頭は考える。身体は感じる。だからこそ、不安を感じるためには、不安について考えるのをやめなくてはならないわけです。

そのためにもっとも効果的なのは、先ほどご紹介した〈シフト〉です。これにより、自分のパターンを俯瞰し、〝声〟が猛スピードで行き来するさまをさまざまな意識で観察できるだけでなく、〝声〟に実体を持たせることもできます。

人は、真実や知恵を求めてさまざまな講座に通い、師に教えを請い、自由を追求します。この人に付いていけば真実は見つかる、と。そうして外にばかり目を向け、自分の内側を見つめることがほとんどありません。一方この〈シフト〉では、内省する手助けをします。

内省は、無意識の世界の地図になります。でも、ただ地図を調べるだけでは、その場所へ行ったことにはなりません。行きたい場所があるなら、そこへ実際に行ってみる必要があります。気持ちは、考えるだけでは感じられない。身体で体験しなくてはなりません。

意味がわからない？　そう考えるということは、あなたの中にまだ思考が作り出す壁がある証拠です。エゴや思考の言葉を信じてはいけません。彼らは現実に文句を言い、嘘でごまかすばかりで、何かを感じさせてくれることは決してありません。

一方で、身体は嘘をつきません。だからこそ、**どう感じるかと身体に尋ね、答えのある場所へ旅すれば、その答えを生き、不安の本当の〝声〟に自由にアクセスできるようになります。**

真の気づきが得られる場所は身体だけです。そこで見つかるものこそが本物です。

Episode

どろどろの雪の斜面を滑る1回目のトラバースの最中、スキー板のあいだを、厚さ50センチくらいの雪の塊が稲妻のような轟音を立てながらすべり落ちていきました。

雪崩だ！

最初の数メートルはゆっくりとした動きだったので、私はそれに乗って山をずり落ちました。左足をそっと上に踏み込み、右足を雪の中からひき抜きました。ところがそこで、雪崩は一瞬で時速100キロ以上に達しました。友人たちはそれを「大移動」と呼びました。私はさながら、アニメ『ロード・ランナー&ワイリー・コヨーテ』のロード・ランナーでした。崖へ向かって走って行って、崖のふちから1メートルのところでぴたっと止まり、慌てて崖から離れるあれです。だけど、あんなふうにうまくいくものでしょうか？

もちろん、うまくいきました。ものの数秒で雪崩はコーンのへりに到達し、ものすごい音とともに弾け、断崖の下にみるみる吸い込まれていきました。私はゆうに1分間、何も見えないまま、その轟音だけを聞いていました。

私はまだ、1回目のターンすらしていませんでした。

それから1時間、私がターンするたびに、小さな雪崩が何回も起こりました。斜面はすさまじく急で、手を伸ばせば頭上の雪に簡単に触れそうな、壁のような場所でした。ターンのたびに厚さ20センチの雪が崩れ落ち、それに乗って2メートル滑り降りたところで、つま先をねじってなんとかもう一度止まる。それから気持ちを切り替えて次のターンに備える。そんな状況でした。そうやって、私は世界で初めてグランドティトンを滑った女性スキーヤーになりました。平均で1分に2回ターンしました。

深さ1・5メートルの細い溝は、私のスキー人生でも一番難しい場所でした。同じように急で、完全に凍っていて、しかも凹凸も大きかったので、スキー板が90度しなったように思えました。私は息を止め、山側の斜面に手を当ててバランスを整え、それから一気に、すばやく溝の向こう側へ渡りました。すべて600メートルの斜面の上での出来事です。

スキーの世界では、これを「ノーフォールスキー」と言います。フォールしてはいけない、つまり落ちたら死ぬということ。そして、落ちないようにするのは至難の業でした。

その日も、私のヘロインは不安でした。何年もずっとそうでした。興奮やアドレナリンはあとからやってくるものでした。私は不安でハイになっていました。しかし、厄介さで言えば不安はヘロインに引けを取りません。不安の中毒になった人間は長くは生きられないのです。

それでも、私は気にしませんでした。不安というヘロインはすごくいい気分を味わわせてくれたからです。無為にだらだら過ごすのではなく、生きている実感や存在意義、集中力、激しさ、欲望を一瞬ですべて体験できるのは、不安のおかげでした。

もし、「どう感じるか？」と質問されて「〜と感じるように思う」と答えているようでは、その場にいることになりません。まだ〈思考〉の〝声〟の段階にとどまっている。「〜と思う」と答えているうちは、〈思考〉やその友人がしゃべっている証拠。それは身体自身の意見ではなく、彼らが自分の意見を言っているだけなのです。

真に身体の〝声〟を聴くための練習を、いくつか紹介します。練習を通じて〝声〟を実体化するのです。

1　喉が渇いたところを想像しよう。ただの渇きではなく、40℃以上の砂漠を水なしで数日さまよったときに感じるような渇きだ。自分が身体そのものになったのがわかるだろうか。そうしたら、その想像をどんどん膨らませ、次は自分が渇きになったと想像する。身体の全細胞が渇きになり、思考や自己はもうなくなる。それこそ、声を完全に実体化できた状態だ。

2　次に、手を頭に置き、そこからしゃべってみよう。そして次は手を心臓へ置く。みぞおちや、お腹でもいい。そして今度は、そこからしゃべってみよう。それが、身体のその部分の声になるということだ。

3　そうして身体になった状態で「何を感じるか」と尋ね、「自分は〜を感じる」と答えよう。「自分は寒さを感じる」でも、「悲しさを感じる」でも、「怖いと感じる」でも、なんでもいい。それが答えであり、真実だ。

そして気づく。必要なのはそれだけだということを。

「考える」から「感じる」へのシフト

もしあなたが、身体そのものになり、感じていることを答えられたなら、思考に囚われていない証拠です。

身体は、新しい感情や無視してきた感情が本来の姿で見つかる場所です。いまのあなたは、そのすべてを手に入れることができます。感情はどれも、いまこの瞬間に存在しています。喜びは心臓や腕、胸郭で体験し、何かが大きく広がっている感覚をもたらすでしょう。不安は胸や喉、額、肩などで体感し、締めつけられる感覚をともなうはずです。身体はあなたに向かって話しかけ、混乱していない感情の声を届けるでしょう。耳を傾ければ、〝声〟はいつでも聞こえてきます。

これで身体は、たくさんのものをあなたという会社にもたらすようになります。これは、あなたが活用しきれていない見過ごされがちなリソースです。その名前を「身体的知性」と言います。

心臓は考えることなく血を送り出します。子どもは自然に歩くことを覚え、「最初に出すのは左足？　それとも右足？　膝はどうするの？」などと訊いたりはしません。ただ歩くだけです。これが身体の知恵です。頭より、ゆっくり変わっていく身体のほうが「自己」に近いのです。

人生における重要な判断をしなければならないときは、身体になって答えを出しましょう。きっと最高のアドバイスが得られるはずです。なぜって、それは本当の気持ちに基づいたアドバイスだから。身体から見つかる答えは、１００パーセントの真実です。

それこそが、身体の知性のすばらしいところです。つまり、あなたの抱いている感覚は、その時点のあなたそのものなのです。「寒い」「悲しい」「怖い」「恋してる」。それがどんどん続いていく。どれもあなたで、どれも真実です。**身体に波長を合わせれば、自分のその瞬間ごとの気持ちを感じ、いつでも自分に問いかけることができ、しかも答えは信用のおける真実です。**なぜなら身体はその瞬間を生きていて、現実を歪めず、ゆえに嘘をつくこともないからです。

頭の声を離れ、心と身体の声に向かう旅。それこそが、あらゆる人間のすべきことなのです。**「考える」から「感じる」へのシフトは、人生で最も長く、風変わりで、はちゃめちゃな旅ですが、同時に最も大切な旅でもあります。**

そしてそれは、シンプルな転換《シフト》から始まる簡単で簡潔な旅でもあるのです。

第8章

不安の〝声〟に耳を傾ける

さあ、あと少しです。不安感情を身体的な実感をともなった体験として味わい、その体験を一人称で身体的に認識するまで、あと少しです。不安を、ひいてはあなた自身を解き放つのも間もなくです。

人生の暗がりに光を当てる「シャドーワーク」

普通なら避けるような何かを感じ、そのものになりきる練習は、人生で最も大切な作業です。自己認識の専門家はこれを「シャドーワーク」と呼びます。私は「クソみたいいなものを引き受ける作業」と呼んでいます。

クソみたいなものを引き受けるとは、目を覚まし、本当の自分になることです。栄光や爽快感だけでなく、不安感情や不快感も丸ごと受けとめることです。すると、人生は修練になります。

不安の〝声〟に耳を傾けるには、次のように尋ねてみましょう。

あなたは何を怖れているのか？

私に見えていない、私が向き合おうとしない何かが見えているのか？

これこそが、自由へのカギとなる質問です。自由へのカギは、常に自分が見ようとしないものの中にあるのです。

クソみたいなものを引き受けるには、まず、これまで無視してきた社員に目を向け、彼らを会社の一員だと認めてやる必要があります。不安を始めとする悪い〝声〟の現状を尋ねましょう。そうすれば自分の彼らとの付き合い方がわかり、やがては彼らを優しく人生の一部に組み込めるようになります。

すると、こうした〝声〟が実際には暗くなどないことにすぐ気づきます。**シャドーワークとは、ネガティブな感情に光を当てる作業です。**シャドーワークは、一生を暗い部屋で過ごすことに似ていますが、クソみたいなものを手にするたび光が差します。新しい視点や見方がちらっとのぞき見えます。あなたはこれまで何も見えていなかったけれど、いまは違います。暗がりに興味を持つたび、光も強まり、やがて影はどんどん少なくなっていきます。だから何度も繰り返しましょう。

私は、出口のないパターンにはまり、明るい人生を送れなくなった人を助ける仕事をしていますが、この仕事においてはシャドーワークは必須です。私は、本人が認めるのを拒否してきた〝声〟が埋もれている場所を探します。相談に来る人は、必ずその場所にはまっているからです。あらゆる悪癖や問題は、こうした拒絶から生まれます。

影は、その人が100パーセントの人生を生きず、真実に目を向けないことで生じた暗い場所です。自分は何者かという問いに対する嘘の答えです。シャドーワークを行わず、自分を構成する要素の半分を避けていたら、力が出ないのは当然です。

私のシャドーワークでは、社員のすべてを認め、感じ、さらには彼ら自身になりきります。それができれば、強く生きていく力が手に入ります。

ただし、勘違いは禁物。影が完全に消えてなくなることはありません。人は常に、一定のまやかしや思い込みを抱いているものです。人は、影を持たずには生きられません。私たちが目指すのは、まやかしや不快感から逃れて自由になることではなく、暗い森の中に転がる魅力的なものを見つけることです。

その中心的なものこそ、不安なのです。不安は、「自分は何者か」という問いに対する最も深い真実だと言えます。だからこそ、不安を感じる力を鍛える練習をすること。**人生の質は不安との関係の質で決まり、どんな関係を築くかはすべて本人にかかっています。**

だからこそ、不安という暗がりに光を当てましょう。目を覚まし、自分が不安をどう扱ってきたかを知りましょう。不安を抑圧せず、信頼できる仲間としての潜在能力を知りましょう。そうして、不安とともにかつてなく力強く輝ける自分に成長できる最大のチャンスを作りましょう。

それこそが、あなたのやるべき練習です。

それを繰り返すうちに、視点がシフトしていきます。一気に大きく転換させる必要はありません。どんな小さな転換にも意味があります。意識をほんの0・1度シフトさせるだけで、はまっていたタイヤが溝から抜けることはよくあります。

そうして次第に、内なる好奇心がこんなことを知りたがっているのを感じるはずです。

自分の内面に問いかける質問リスト

自分の内面への質問は、じっくりと時間をかけ、一つ一つ投げかけていきましょう。その答えに耳を傾けるうちに、自分が何者かが自然と深くわかっていくはずです。

自分への質問

・〈思考〉とどんな関係を築いているか。
・〈不安〉に対していまどう反応しているか。
・〈不安〉があらわれたとき、それに気づくか。気づくなら、どんな形で気づくか。
・〈不安〉は成熟した形であらわれるか。それとも子どもっぽいか。
・子どもっぽいとすれば、自分の何が原因でそうなっているか。
・何かの習慣的なパターンや〝声〟、思い込みにはまっていないか。
・別の道を行くのを阻まれているか。
・もしそうなら、どんな〝声〟に阻まれているか。猜疑心か、何もやりたくない気持ちか。習慣か、それとも思い込みか。
・身体や〈不安〉そのものになりきるのを妨げているのは何か。
・意図や目標、混乱、邪魔などの〝声〟で視界が曇っていないか。
・湧き起こった〈不安〉は、どれだけ長く身体にとどまるか。
・〈不安〉の〝声〟に（感じるとすれば）どれだけ長くとどまっていられるか。

・その理由はなんだと思うか。
・何か具体的に気に入っている〈不安〉への対処法があるか。
・幼いころからの思い込みを強める自分の中の防衛システムは何か。
・〈不安〉の「上司」にあたるのは誰か。〈思考〉か。それとも〈不安〉自身か。
・怖がるのは誰の仕事か。あなたか、〈思考〉か、〈不安〉か。

身体と不安への質問

もしあなたが身体や〈不安〉そのものになりきることができるようになったら、今度はその二つにいくつか質問をします。

・「自分」のためにする仕事は何か。
・何を感じるか。

・自分が何でできていると感じるか。石か、それとも水か。
・意見や思い込み、ストーリーはあるか。ないならどうやって知性をアピールするか。
・現状はどうか。
・未来に存在しているか。過去に存在しているか。それともいまこの瞬間はどうか。
・自分の中で、どんな役割を演じているか。
・自分の目標達成にどう貢献しているか。
・自分からどんな扱いを受けているか。
・〈思考〉との関係はどうか。〈自制心〉とは、〈意志〉とはどうか。
・自分で自分を判断できているか。それとも判断しているのは会社か。
・知性は大事にされているか。それともないがしろにされているか。
・自分の目標に対して何か言いたいことはないか。
・話す機会をもらえたら、会社のために何ができるか。
・自分とどんな関係を築きたいか。
・自分がどう見えるか。どこにはまっているように見えるか。
・自分にどんなアドバイスをしたいか。

不安にだけする質問

- 最も不安に感じていることは何か。
- どうやって存在をアピールするか。
- 自己表現しなくてはならない理由は何か。
- ほかの〝声〟と同盟関係を築いているか。
- 地下から出ることができたら、身体で何を感じると思うか。
- 自分から外へ出してもらえると思うか。思うなら、あるいは思わないなら、その理由は何か。
- 尊厳を保ちながら自己表現を行う機会がもらえたらどう感じるか。どう行動するか。
- 不安が会社の「理事会」に歓迎されるようになったら、会社はどう変わると思うか。

不安を体験する5分間

こうした問いかけを前に、こんなふうに思う人もいるでしょう。「こんな練習、絶対にしたくない」と。でも、それで構いません。それもまた、〈抵抗〉の〝声〟なのです。**何より重要なのは、そうした声〟の存在に気づくこと。**抵抗があるのは、自分が問題に真剣に取り組んでいる証拠。それに気づくだけでも大きな収穫だと言えます。

そうやって自分のなかにある〝声〟に関心を持ち、新しい質問をぶつけたあなたは、その返答に混乱し、何らかの感情を抱くことでしょう。そしてそのたびに、気づいたのではないでしょうか。なんだか、毎回返答が違っていはしないか、と。

それもそのはず、人間にとってすべての瞬間が異なって存在しているように、〝声〟にとっても、同じ体験というのは絶対にありえないからです。

だからこそ、常に可能性があると言えます。昨日は問いかけても何も起こらなかったとしても、きっとどこかのタイミングで、不安や身体、あるいは混乱の〝声〟が聞こえてくるはず。そのときは、それについて5分ほど、観察してみることをおすすめします。

その5分間は、こんなふうに過ごしてみてください。**立ち上がって目を閉じ、ただ感情を見つめ、体験する。**聞こえてきた〝声〟の正体を突き止めようとはしない。ただ観察する。

特定の〝声〟を聞かなかったことにしようとするのもいけません。せっかく聞こえてきた〝声〟を無駄にするだけでなく、無礼を働いていることになります。それが問題だと思っても、解決しようとはせず、寄せては返す波に気づくようにただ問題を目にし、もっと知りたいと思えばいいのです。そこには理解も、目的地も、現実の改善もありません。ただ、やってきた混乱や不安を見つめる体験があるだけです。不安を感じましょう。混乱を感じましょう。嫉妬や異常さを感じましょう。どんなものでも、感じているものを感じましょう。

この方法が効果的な理由はシンプルで、**〝声〟を実体化できれば、いまという瞬間を生き、真実を話すことができるようになるから**です。あなたは思考という小さな自己から自由になり、自分の思考や自我の流れ以外の何かを体験することができます。

座ったまま呼吸をするのもよいでしょう。〈不安〉や〈不確かさ〉の〝声〟を吸い、その〈不安〉や〈不確かさ〉を消し去りたいという希望を吐き出す。**呼吸は、意識と無意識をつなぐ架け橋になります。呼吸は人を身体の中へ連れていきます。**そして、真実は身体の中に眠っています。

1回のシフトで一つの出会い。たくさんのシフトでたくさんの出会い。やってみて何が起こるかは人それぞれです。私からお願いしたいのはただ一つ、完全にその〝声〟に耳を傾けてほしいということです。100パーセント聴くことができれば、練習の一瞬ごとに、自己をより深く理解できるようになります。

本当の自分になる方法

人間の世界には「正しさ」なるものがあるそうですが、自然界には「正しい状態」なんてものはありません。ただ成長して、段階的に変化していくだけです。**「正しさ」を探すのはやめましょう。私たちが目指すのは「段階的な変化」です**。そうやって人は成長していくのです。

がんばったり、処理したり、理解しようとしたりすることなく、ただ自分自身を知ること。ただあらわれた〝声〟になること。それができれば、あとは自然にうまくいきます。

これを続けているうちに、**いつも「本当の自分」でいる方法がわかってきます**。これが、私たちの目指すものです。わからないなら、ただわからないままでいる。困惑しているなら、ただ困惑する。怖いなら、ただ怖がる。

それこそが、不安感情を誠実に体験し、いろいろな〝声〟が人生にどんな形であらわれるかをはっきりと理解した、新しいあなたです。

私の場合はいま、不安とこんなふうに付き合っています。

1　朝起きて、自分の感覚を確かめます。感じるのは不安のこともあれば、ストレスや不快感の場合もあります。呼び名はいろいろだけれど、本質は不安です。

2　仕事を始める前に、自分に質問を投げかけます。なぜ私は不安を感じているのか。不安感情はいまどこにあるか。それに抵抗しているか（たいていはしている）。

3　抵抗している場合は、1～2分かけて、その抵抗を完全に受けとめ、実体を持たせます。「こんなのイヤ」とか、「あー、いまはダメ」とか口に出して言うときもあります。そうして〈抵抗〉にしゃべるチャンスを与えます。たいていはそれだけで物事がスムーズに動き始めて、次のステップへと進めるようになります。

4　不快感を抱えたまま、それに関心を持ちながら、とりあえず仕事を始めます。

5　不安感情は薄まっていき、ある段階で、ただ真実を生きるだけになります。そこまでスムーズに行かない場合は、不安に関心を持ち続け、次にあらわれた感情にも興味を持ち続けます。

このやり方を完全に自分のものにするには、やはり練習が必要です。身体に組み込まれるまで、続けましょう。毎日が、自由になるための新しい可能性の連続です。

質問に一つ一つ向き合ってください。眠りにつくとき、働いているとき、誰かと交流しているとき、何かを体験しているときに渦巻く不安感情と、不安をめぐるパターンにただ気づくだけでもいいのです。ただ関心を保ち、解決策を探そうとはせず、その成り行きを見つめること。できるだけ感情に対してニュートラルでいられるようにすること。

基本は常に「そのままにする」です。ごくごく簡単に言えば、**自分の人生を歩もう**ということです。

難しいのはわかります。人間には、何かを示されたら反射的にそれを捉えようとしてしまう傾向があるのは確かです。しかも、まだ完全に身体化できていない段階では、頭は何かを判断し、何かほかのものに投影しようとします。そうして、馴染みのパターンにふらふらと戻っていってしまうでしょう。ただ「そのままにしておく」というのは、決して簡単なことではありません。

身体を信じ続けてください。あらゆるものがそうであるように、身体も常に変化しています（現に私はいま50歳でも間違いなく変化している）。そうして身体が変化する中で、新しい体験が身体にしっかり組み込まれるようにしてください。

そうすればやがて、あなたの身体は知恵の宝庫になることでしょう。

Part.4
不安とともに生きる

第9章
不安を尊重する

不安への「抵抗」をなくす

以前、こんな公式をご紹介しました。

苦しみ＝不快感×抵抗

生きていれば、誰でも苦しみを経験します。それは当たり前で、苦しまない人間はいません。尊敬する人でも、よく見てみれば苦しんでいるのがわかります。

不快感も同じで、こちらもあって当たり前です。人は不安や痛み、つまりは不快感をたくさん味わいます。人間である以上、不快さを感じることは避けられません。

しかし、その苦しみや不快感が限度を超したり、あまりにも長く続いたりするのであれば、何か手を打たなくてはなりません。

胃がむかついてこれはおかしいぞと思ったら、誰だって胃腸薬を飲んでむかつきを抑えようとしますよね。それと同じで、吐き気をもよおす不安を鎮める一番の薬は、不安と対話をすることです。これまでの章でご紹介した〈シフト〉は心の胃腸薬です。

では、不快感が習慣的なもので、何度も何度もぶり返す場合はどうでしょうか（不安を押さえつけるのが習慣になっている人は、必ずこの症状に悩まされています）。**こういう人は、無意識のうちに自分のパターンを繰り返し、暗い影に立ち戻っています。**自動操縦モードに何度も戻り、そのせいで苦しみを繰り返し味わっています。

この場合は、薬だけでなく予防策が必要です。**無意識に起こっている「抵抗」を積極的にいじらなくてはなりません。**本人がその意思を持つだけで、抵抗はスッと流れ去っていき、逆の声が入り込む余地が生まれます。それこそ、私たちが次に目指す「尊重」です。

その方法をご紹介しましょう。

言葉を変える練習

言葉には、大きな力があります。

ここに、不安について話すときによく出てくるフレーズと、そこから抵抗が流れ去ったあとのフレーズを並べました。意識的に、上の言葉ではなく下の言葉を使うようにすることで、無意識のパターンから抜け出すことができるでしょう。

こう言っていたら	**こう変えよう**
不安なんて感じたくない	不安を感じたい
不安を乗り越えてやる	状況を乗り越えてやる
どっかへ行け	そのままでいて
怖がってる自分に戻りたくない	不安を感じようとしない自分に戻りたくない
怖くてもやれ	怖いからやれ
不安を感じ、それでもやれ	不安を感じ、それからやれ（それでもは失礼）
怖くなんてない	怖いのに怖くないふりをしてる
しょうがない	怖い。何も変えられない無力さを感じる
ネガティブな不安とポジティブな不安	そんなものはない。不安はただの不安
ノー・フィアー	イエス・フィアー
怖いことなんてない	怖いことはたくさんある
不安は足かせ	不安は財産であり仲間
不安は征服しなくちゃならない	不安は味わわなくちゃならない

信仰は不安に勝る	信仰と不安は同等
不安は牢獄	不安は牢獄にいる
不安は嘘つき	私は嘘つき。本当の自分を生きてない
不安は人を萎縮させる	不安は人の枠を広げる
不安は人を制限する	不安を受けとめれば、可能性は無限
本物に見える偽の証拠	すばらしく効果的なアドバイス
アドレナリン中毒	不安中毒

人生を最高に輝かせる「四つの知性」

人間には頭があり、身体があります。どちらもとても大切なものです。ですが、人間が持っているのはそれだけではありません。

人間には、四つのタイプの基本的な知性があります。頭脳的知性、身体的知性、精神的知性、そして感情的知性です。どの知性も、活用されるときを待っています。あなたをクリエイティブで、ポジティブな存在にする用意を整えています。四つの知性を機能させることができれば、あなたという会社は最高のパフォーマンスを発揮します。ひとつだけではポテンシャルは制限され、クリエイティブさやパワフルさは限定的にしか発揮できません。

ひとつずつ、ご紹介していきましょう。

頭脳的知性

四つの知性はどれも頭で意識するもの。なので、まずはこの知性の話をするのがいいでしょう。判断や分析、論理的思考、理解力、理性などの話です。

西欧世界では、スマートな人とはこのタイプの知性を活用できている人を指します。知能と言いかえることもできます。西欧人は、何かに焦点を当て、それを意識的に理解する能力を崇める神殿を造り、長く崇拝してきました。それには確かな理由があります。頭脳的知性があったからこそ、私たちは火星に探査機を送り込み、コンピューターを開発し、がんの治療法を見つけ、新しいエネルギー源を作り出すことができました。そうしたことができると、論理を使えばなんでもできるように思えます。だから私たちは、人生のほとんどを思考に費やし、この知性に頼ってあらゆる問題を解決しようとします。スポーツの世界は「メンタルがすべて」になっています。ばかみたいな話です。

頭の知性がすべてを解決してくれるわけではありません。意識にアクセスする方法もこれだけではありません。

知能はとてつもない武器ですし、知能がなければ人間としての機能は果たせませんが、同時にこれを崇拝する姿勢は最大の弱点になります。本当なら手に入る、ほかのたくさんのものとのつながりを失ってしまいます。

声：知恵、意見、信念、忍耐力、論理、意志、決意、判断、理解、集中力、意識、自覚、マインドフルネス。これらはどれも頭脳的知性です。「私ならできる」に「我思う、故に我あり」。分析のための知恵です。

活用者：CEO、秘書、会計士、科学者、教師、エンジニア、メカニック、医師、弁護士、コンピューター技術者、セラピスト、スポーツの指導者。

身体的知性

第二の知性は身体が持つ知恵です。頭脳を働かせるための生命維持システムと思われがちな身体的知性は、過小評価され、十分に活用されていないリソースです。身体は抑圧された感情のゴミ捨て場にもなっています。

身体には感覚が宿っています。触覚に嗅覚、味覚、聴覚、視覚。本能や勘といった第六感もあります。自分が何を感じているかに目覚めることが、身体的知性を体験するという行為です。

この知性は過去や未来には存在せず、いまこの瞬間にしかありません。だから決して嘘をつかず、頭脳のように現実を歪めたり、現実に文句をつけたりもしません。現実は現実だからです。身体的知性は感情や衝動を呼び覚まし、目に見える現実の下に眠るものへアクセスできるようにします。

この知性は思考を必要としません。食べたものの消化は思考を経ずに起こるし、いちいち考えて呼吸する人もいません。一方で、身体は記憶も持っています。考えることなく私たちが歩けるのはそれが理由です。頭よりも身体的知性を活用するのが、スポーツはもちろん、さまざまなことで成功を収める秘訣です。

声：感覚、感触、視野、聴覚、嗅覚、本能、勘、感情、目覚め、真実、心臓、お腹、情熱、喜び、自己表現、愛。

活用者：兵士、給仕、建設作業員、大工、消防士、組み立てライン作業員、掃除業者、ダンサー、エネルギー関係、理学療法士、ミュージシャン、スポーツ選手。

精神的知性

これは道徳の教科書や教典の中にはありません。宗教団体にも、僧衣をまとって教えを伝授する宗教指導者の中にもありません。現代の世界では、「精神性」と「宗教」は別のものです。

宗教と精神は関係ないとは言いませんが、天啓はほかのいろいろなものからも得られます。音楽に絵、庭造り、スポーツ。こうした体験の内側に入れば、天啓は得られます。そのために自然や人、歌、活動と親密な関係を築くことが、精神的知性です。

この知性は人を引き込み、溺れさせようとしますが、自然に手に入ることは滅多にありません。意図的に、狙って目覚めさせるものです。

精神的知性を目覚めさせるには、こんな質問をします。「自分の注意を惹こうとしているこの体験はいったい何か。それは自分の世界観や思考よりも大きなものだろうか」。そうやって「そばにいるのは何か」と自問し続けることで、精神的知性は育まれます。誰かの教えや伝統、歌、スポーツをきっかけにこうした問いかけが浮かんで、はじめて精神的知性は目覚めます。

問いへの答えが得られると、人はそこに深く身を委ね、溺れるようになります。答えは形のない、理解を超越したものであり、ただ「なる」ものです。そこまで来ると、人は頭と身体という自己の殻を脱ぎ捨て、答えに自由に話してもらえるようになります。マインドフルネスからマインドレスネスへのシフト。有形（身体）から無形へのシフト。思考も、自分であるという感覚も、身体も失われ、あなたはただそこにいるようになります。すると、自分よりも大きな何かが語り出します。

声：無考、空、道《タオ》、キリスト意識、仏性、聖性、いま、悟り、集合的意識、つながった精神、無限、ゾーン、唵《おん》のあいだの静寂、普遍の力、川、風、ビッグマインド。
活用者：両親、アインシュタイン、ソーシャルワーカー、警察、スポーツのメンタルコーチ、プロスポーツ選手、アーティスト、シェフ。「魂」と「心」はほぼ同じ意味なので、精神科医や心理学者は元々この方面を追究していました。いまも追究している人もいます。

感情的知性

本書でお伝えしてきた、感情の知恵です。

すべての色が三原色の組み合わせでできているように、人間の体験はすべて五つの基本の感情から生み出されます。不安、怒り、悲しみ、喜び、そして官能です。

感情的知性を支持する声は以前からありました。自分のいまの気持ちを特定して理解し、管理、コントロールして、感情に人生を支配されない能力を開発しようという考え方です。しかしはっきり言って、これはロボットになろうとするぐらい的外れなことです。知能を使って感情について話し、考え、評価し、感情をコントロールしようとするのは感情的知性ではありません。

感情は人を人たらしめている大きな要素です。感情的知性とは、いまの気持ちを特定し、感じ、有益で、クリエイティブで、成熟した形で表現する能力です。

私たちは集中力や知能をたくさん鍛え、称賛する一方、感情的知性を鍛え、称賛することは怠ってきました。しかしそれももう終わり。本書のほかにもさまざまなものが、状況を変えてくれると願っています。

声：興奮、警戒、覚悟（どれも不安から生じる）。攻撃性、情熱、炎（怒り由来）。同情、気遣い、配慮（悲しみ由来）、幸せ、愉快さ、美しさ、あるいは「キマってる」状態（喜び）。性感、親密さ、絶頂感（官能）。

活用者：看護師、アーティスト、歌手、ミュージシャン、ダンサー、美容師、俳優、カウンセラー、介護士、マッサージ師、いいバーテンダー、一流プロスポーツ選手。

いま紹介した四つの知性が、お互いに重なり合っていることに気がついたでしょうか。感情は身体で感じるものだから、感情的知性と身体的知性は同じであることが多いもの。頭脳は、感情の良し悪しを判断するものですし、精神的なものを理解しようともします。身体はたいてい頭に反抗します。例を挙げればきりがありません。

何が得意かは人それぞれで、四つはどれも異なる分野です。

この四つはどれも、才能がなくてもあとから開発し、最高レベルへと高めていくことができます。この考え方はいま世界中で支持されていて、四つの知性、さらには「体系的知性」

（簡単に言うと、いろいろなものを組み合わせ、一緒に活用する能力）と呼ばれる新しい知性を高めようとする人がどんどん増えています。

いままで考えもしなかった知性を探ることに、興味が湧いてきてはいないでしょうか。

もし湧いているなら、自分のポテンシャルをフルに発揮し、最後まで輝かしい人生を生きる準備はすでにできているということ。すべての知性を開発するには、一生分の時間がかかります。ですがそもそも、人は一生かけて学び続ける生き物なのです。

現代の教育システムは、知能を高めることを目的にしているので、おそらく最初に育てるのは頭脳的知性でしょう。身体的知性を高める教育も少しは行われているかもしれませんが、**次にどれを高めるべきか見当がつかないときは、感情的知性を選ぶことをおすすめします。**

すべての知性が必要なのはもちろんですが、**頭脳的知性と身体的知性が働くための燃料は感情なのです。**

悲しみは燃料になります。悲しみとコミュニケーションをとり続けることで、人同士の一番深いつながりである共感を得ることができます。身体的な存在、精神的な存在としての人間は、共感を必要としています。

怒りは燃料になります。怒りとコミュニケーションをとり続けることで、人間の一番強い炎である情熱が手に入ります。人の頭と身体は情熱を必要としています。

喜びも燃料です。人生を称えるには喜びが必要です。

官能も燃料です。官能を得られたとき、人は誰か、あるいは何かと自己が溶け合った感覚を得ることができます。

そして不安です。不安が燃料かどうかなんて、もはや言うまでもないですよね。不安はもっとも活用が遅れているリソースです。不安はなんにでも活用できます。**不安を特定し、感じ、表現する方法を身につければ、どんなことでも可能にする強力な燃料が手に入ります。**どんなことでも、です。

Episode

マインドセット・ファシリテーターになりたてのころ、私のところに相談に来るのはスポーツ選手が中心だろうなと思っていました。何しろ私は「メンタルがすべて」の世界のど真ん中でずっと過ごしてきたし、商売敵と言えるスポーツ心理学者は臨床的なトレーニングを施すばかりで、実践的な体験は提供できていなかったからです。現場のコーチやインストラクターも、教えるのはスポーツの身体面や頭脳の面ばかりで、あとは運任せにしているようでした。ちょろい商売ね、と思ったものです。

もちろん、メンタルコーチはさまざまな理由で（たぶん、時代が早すぎたんだと思います）簡単なんかではないことがあとでわかったのですが。

それでも電話が鳴れば、選手たちがどこにはまっているか、どう変わらなくてはいけないかを特定するのは簡単でした。

私に電話をかけてくる選手はみな、感情（特に不安）を抑圧しているせいで成績が伸び悩んでいました。それは、太陽は東から昇るのと同じくらい予想のつく話でした。

オリンピックの４日前に相談に来た選手も例外ではありませんでした。彼女は前回大会で金メダルを取っていましたが、そのあとは怪我をしたり、転倒したり、成績が出なかったりで行き詰まっていました。世界大会の舞台に再び上がり、苦しんでいることがみんなにばれてしまうのを怖がっていました。

もちろん、彼女は怖がっていました。ですが優しい友だちや家族から「怖くなんかないよ、あなたはすごくうまいんだから！」と力強く言われ、不安を押さえつけていました。

チームのコーチや幹部の扱いには怒っていました。ですがまわりの人たちはやっぱりこう言いました。「みんながあなたを勝たせるために全力でがんばってるんだから、感謝しなくちゃダメだよ」。そうして彼女は怒りを押さえつけました。

不安と怒りを押さえつけるのはとても力の要ることで、彼女はエネルギー切れになり、自分がやっているスポーツを憎むようになりました。そのせいで、とても悲しい気持ちを味わいました。ですがまわりは「悲しまないで。あなたは夢のような人生を送ってるじゃない！　みんながあなたみたいになりたいって思ってるんだよ」と連呼します。だから悲しみを押さえつけました。

私は3時間かけて、この選手の不安と怒り、悲しみの〝声〟を呼び覚ましました。そして彼女は〝声〟に興味を持ち続け、向こうの話を聞く意思を持っていたので、関係は改善しました。尊重されたと感じた社員たちが、彼女を解放しました。

無意識の世界での三つの戦争が終わり、彼女の中に、オリンピックにエネルギーを振り向ける余裕が生まれました。しかもその途中で、不安、怒り、悲しみという新しい友だちも見つかって、それが大会で力と創造性を呼び覚ますエネルギーになりました。

そして、彼女は銀メダルを2個獲得しました。

不安を尊重すると強くなれる

不安との関係、不安が人生に与える影響、そして不安自体をただ観察する練習が終わったら、今度は不安を尊重し、敬意と配慮をもって、あるべき場所へ戻してあげましょう。そうやって不安を見て尊重すれば、問題はみるみる小さくなっていきます。ですが**不安の尊重は、問題の解決にとどまらず、人生の一番いい部分をみるみる広げる手段にもなります。**

あなたはこれから、不安の真実を知ります。不安は、会社のどの社員が持っているものよりも古い、万能の知恵を備えています。だとすれば、それを会社を停滞させるためではなく、上へ押しあげるために使ってもらおうではありませんか。

いまこそ、ずっとしまったままだったかけがえのない宝石をポケットから出すときです。

自然は、そのことをよくわかっています。

不安を持たない動物を想像してみてください。その動物が世界と触れ合う様子を想像してください。動物はどれだけ生きられるでしょうか。ほかの動物と共存できるでしょうか。

不安の〝声〟に耳を傾けるとは、自分の心や本能、直感の声を聞くことなのです。

これはごく当たり前で、言うまでもないことです。不安は生存のカギとなる感情です。不安がなかったら人類は存在していないでしょう。単細胞のアメーバから進化できた生物もいなかったはずです。それだけでも、不安に敬意を払う理由としては十分です。

不安に基づいた意思決定なんてくだらない、真実に近づきたかったら愛や喜びに目を向けるべきだと思う人は多いでしょう。ですがそれは、片方の目や耳を塞ぐような狭い考え方です。

不安がなければ、深みのある見方はできません。というより、何も見えない、何も聞こえない状態になってしまいます。

不安がなければ適切な判断は下せません。判断材料が不安ではなく、怒りや屈辱感、罪悪感に思えるときもありますが、話した通り、そうした感情の下には必ず不安が横たわっています。生物が行うほとんどすべての決断は不安ベースです。全部とは言いませんが、全部にかなり近いのは確かです。

暴力を振るう夫から離れたいと思っている女友だちがいたとしましょう。そんなとき、不安だけが現実的で誠実なアドバイザーになります。自分の中のイエスやノーにアクセスして、すばやく賢明な行動を取るはっきりした手段になります。

離れることに決めたなら、彼女の中にひとりきりになることへの不安が生まれるでしょう。ひとりで生活していけるかわからない。怒った夫が追いかけてくるかもしれない。夫はそんな人間ではない、という幻想をあきらめなくてはならない不安もあります。そしてこうした不安のほうが行動を起こさない不安に勝ったなら、夫のもとにとどまるでしょう。

どんなときも、大きいほうの不安が勝ちます。このように不安を尊重すれば、状況を相対的に捉え、はっきりした決断を下せるようになります。

不安を尊重しなかったら、彼女はやがて自分の気持ちすらはっきり感じられなくなり、自分が何を選択したのか、なぜ選択したのかもわからなくなって、何をすればいいかわからないという混乱の泥沼に永久にはまります。

逆に不安を感じる練習をしたら、彼女は自分が常に変わり続けていること、つまり不安も変わり続けていることに気づくでしょう。**不安は、一瞬一瞬の本当の自分にアクセスする最高のコミュニケーションツールです。**彼女は常に意識が目覚めた状態になり、意識的な選択ができるようになるでしょう。私は残るほうを選ぶ。離れる不安のほうが残る不安より大きいから。そして最後は、友人や家族の不安の声も耳にし、気づけるようになります。自分の不安を見つめて理解するだけで、ほかの人に共感し、心を寄せられるようになります。

Column

不安があればいい親になれる

抑圧された感情は、こっそり、子どもじみたやり方で子育てに影響を与えます。罪悪感は親を子どもを叱りつける人間に、不安は子どもを思い通りに操ろうとする人間に変えます。不安は怒りになってあらわれるでしょう。そして過保護になるか、逆にストレスをすべて子どもに押しつけるようになります。親が見ようとしない、あるいは認めようとしない感情は、基本的にすべて子どもがかぶることになります。

しかし不安や罪悪感を見つめ、認めれば、彼らは成熟した形であらわれるようになります。罪悪感は思いやりや存在感、思い入れを呼び覚まし、不安は配慮や気遣い、愛をもたらします。子どもを心配する気持ちや、子どもを傷つけるものを警戒する気持ち、守りたい気持ちにもつながるでしょう。

引き受け、尊重してやりさえすれば、不安は人をすばらしい親に変えます。逆に認めなければ、未熟な形でしかあらわれません。

子どもと一緒に過ごす時間があまり取れなかったら、罪悪感を抱いて当然です。大事にしているのだから心配するのは当たり前です。不安があるから、子どものサッカーの試合をもっと観に行こうという気になるし、宿題も手伝いたくなるし、歯医者に診せたくなる。ドラッグをやっていたら、ただ道具を捨て、怒鳴りつけるのではなくて、何がいけないかを話せるようになります。

大切なのは、こうした声がそのままの姿でいられるようにし、自然な行為として楽しめるようになることです。不安と罪悪感、心配を受け入れましょう。そうすれば彼らは、最高のアドバイザーとして、あなたをすばらしい親にしてくれます。しかも、人生の暗い面と健全な関係を築くにはどうすればいいかを、子どもに身をもって教えることもできます。人生はかわいい子ネコと表彰式がすべてではない。そうでしょう?

そして何より、〈コントロール〉が休みを取れるようになります。そうすれば自由に、流れるように生きて、〈愛〉や〈つながり〉、〈笑い〉といったゴージャスな〝声〟にもっとたくさん、もっと本格的にアクセスできるようになります。

暴力を振るう夫のもとを離れようとしている女性の話に戻りましょう。離れたとしても、夫に追いかけられて襲われるのではないかという不安は残ります。ですが心配は要りません。その不安が、彼女をあらゆるレベルで以前よりも知的な人間にするからです。

これは私の一番お気に入りの現象で、詳しくは第12章で話しますが、さしあたってはこれだけわかっておいてください。不安がそばにいれば、子鹿のように警戒心を高め、周囲のものを鋭く意識できるようになる。**不安は人をいまという瞬間に連れ戻します**。その瞬間、過去や未来は溶けてなくなり、時間と空間は存在することをやめます。あなたは一段上の直感と衝動へ溶けていき、賢明な決断や場合によっては反応そのものになります。

安全圏からほんの一歩踏み出し、いまやっていることに少しだけ不安を加えてください。するとエネルギーが満ち、自分が以前よりもパワフルに、アグレッシブになったのを感じるはずです。そうなれば、自然と優れた成果を上げることができます。ボクシングでも、計算でも、愛でも、ダンスでも、料理でも、なんでもです。どんなものにでも、4パーセントの不安を加えましょう。

不安を歓迎すればエネルギーが増すのには、二つの理由があります。

一つは、不安を避けるのに使っていたエネルギーを、ほかのことに使えるようになるからで、もう一つは、感情は動くためのエネルギーになるからです。不安をすぐれた燃料として使えばどこまでも行くことができます。ガソリンがなかったら車は動かない。粗悪な燃料だったらうまく走らない。最高のパフォーマンスを発揮したいなら、不安という最高の燃料を使うべきなのです。

第10章
不安は究極のモチベーター

不安は最高のモチベーション

いまの世の中は、愛や情熱ばかりが過大評価されています。**しかし、痛みや不安、怒りといった暗い感情こそが、真に最高のモチベーターなのです。**

それがよくわかるのがスポーツ選手です。彼らは、心の中の、自分でも意識していない深い傷を糧に戦っています。プロ選手に成功の秘訣を訊いてみてください。できれば引退して、自分への幻想やまわりの過大評価を失ったあとの選手がいいでしょう。きっと彼らは、自分を成長させてくれたいろいろなつらい経験の中でも、子ども時代の不安が一番大きかったと言うはずです。誰かに何かを認めさせたい気持ち。あるいは（私のように）自分は特別などではなく、誰の目にもとまらず愛されないという不安や、失敗や拒絶に対する不安。そうしたものが優れたアスリートを生みます。

あるいは、そうした不安を土台にした怒りは最高の動力源です。怒りは情熱と意欲を生み、すばやく激しい行動を促します。他人への非難や自己否定の形であらわれる怒りは確かに良くありませんが、うまく活用すれば、難攻不落のディフェンダーになります。

自分のモチベーションが何かを自分の胸に尋ねましょう。何か大きいことをするためのモチベーションです。答えが「最高に素敵な自分になること」なんてものだったら、それはきっと不誠実な借りものの答えです。自分と１００パーセント誠実に向き合ったら、そんな答えはでないはず。

誰かに認められたい。モテたい。公園で自分を弱虫と言った奴らに仕返しをしたい。真実はそうした思いの中にあります。自分に１００パーセント正直になれば、自分の長所の裏には必ず不安があるとわかるはずです。

Episode

いまの私は、そのことがすごくよくわかります。自分では見えていませんでしたが、何かを決断するときも、スキーを滑るときも、私の行動の裏には常に不安がいました。怖いもの知らずと言われた過去は、実は不安そのものだったわけです。あとは怒り。

怒りは父がもたらしたものでした。父は私が大切に思っているものを片っ端から否定する人でした。そして不安は、近所のアマンダとベスがくれたものでした。２人は私の熱烈な友情を拒絶しました。スキーで一番役立ったのはその二つでした。

山に登れば、心の中の消えない炎や情熱が燃え上がり、自分を激しく表現するエネルギーになるのがわかりました。その裏には、ずっと昔に忘れていたそうした人たちやエピソードがありました。

私は無意識に、父親への怒りを男性全般への怒りに変え、自分のほうが上だと証明したいと思いました。スキーは男社会だから、その思いは人間関係を築くには何かと邪魔でしたが、滑るには最高のモチベーションになりました。ほかの女性スキーヤーや彼女たちの滑りはだんだん眼中になくなっていきました。基準は男性で、男に目にもの見せてやりたいと思っていました。あれだけ滑れたのはそれが理由です。

拒絶されるのが怖かったから、カメラマンの前で崖を飛んで、たった一晩で世界最高の女性エクストリームスキープレーヤーになれました。

誰からも見えない透明人間になるのが怖かったから、ロブにすごいと思ってもらいたくて、普段より30キロ速いスピードで滑れました。たった一回の滑りでワールドクラスの選手になれたのは不安のおかげです。

バカだと思われるのが怖かったから、何をするにも絶対にA評価を取ってやると思うようになりました。

失敗するのが怖いから、絶対に失敗しないように全力を尽くすようになりました。

不安がなかったら、人類の中から偉人は生まれていなかったはずです。

あなたも、私も、人はみんな人生のどこかで失敗するときがあります。

失敗するのは、不安とその仲間たちからの警告です。彼らを不当に扱っている証拠です。不安をうまくモチベーションの源にできていれば、失敗することはありません。不安に足を取られてしまうかどうかが、成功と失敗の分かれ目になります。

では、どうすれば足を取られるのではなく、モチベーションにできるのでしょうか。

もうわかりますよね。そう、**成功と失敗を分ける唯一の違いは「問題」にどう対処するかです**。不満や怒り、屈辱感、疑念を歓迎すれば、すばらしいことができます。それらを燃料として使うことができれば、問題は問題ではなくなり、モチベーションを与えるエネルギーに変わり、目標へ近づくことができます。

こうしたことは、無意識の世界で起こることです。意識して練習しなければなりません。不安を愛せば、不安を活用し、背中を押す力に変え、ストレスや不快感ではなくやる気や情熱、興奮を感じられるようになります。しかし不安を憎んで取り除こうとすれば、不安を活用できず、ストレスや悩みにずっとつきまとわれるようになります。だから、座ってじっくりつながりを感じるだけでいい。

大きなことを成し遂げる人は、不安に耐えて成功しているのではありません。不安を使って成功しているのです。そこを間違えてはいけません。

不安をモチベーションにして、いま以上の自分になる方法を探しましょう。

行動を起こすタイミング

不安は本当は不快でも、ストレスたっぷりでもありません。不快感は人を駆り立てます。緊張は天の恵みです。快適さは人を動かしません。人を動かすのは不快感です。

鳥の巣を思い浮かべてください。母鳥がささくれだった小枝や、さらにはいばらで巣を作っています。それからひなたちが痛くないようにと、その上に羽根を敷きます。ところが成長したひなは、あえて羽根をどけ、とげやささくれで痛い思いをして、巣から飛び立とうという気持ちを起こします。**不安は人をつつき、巣立ちを促す普遍のとげです。**あなたがすべきは、不快感のメッセージに注意を払い、行動を起こすことです。

不安の影が見えたときが、行動を起こすタイミングです。決してチャンスを逃さないでください。不安のエネルギーを、体内のシステムの燃料として使ってください。スポーツをやっている人は、不安について考えてはいけません。感じたらすぐ走る。純粋な不安は、感情的知性の活用につながり、エネルギーをもたらします。

スポーツをやっていない人も、体の中の感情のエネルギーを感じてください。その正体に気づき、表現しやすい形で表現してください。詩でも、絵でも、歌でも、セックスでも、演技でも、介護でも、料理でも、やりたいと思うことをなんでもやってください。**絵を描きながら、**

理解しようとせず、ただ感じ、感情そのものになること。感情を自分なりの方法で表現する実験をしてください。

不安を使って、日々をもっと明るく、おもしろく、創造的で彩り豊かなものにする方法を考えましょう。あなたの尊敬する人がすごいのは、不安を使っているからです。

モチベーションは変わり続ける

不安は常にモチベーションになります。不安とはそういうものです。ですが不安のエネルギーは高温で、燃料にすると猛スピードが出ます。１００パーセントで表現できるようになると、不安はあらわれるたびに人を高いレベルに連れて行くようになりますが、ある段階まで来ると、もうやめにしたい、自由にしてほしいと思うようになります。

不安から引き出したモチベーションが、一生続かないという意味ではありません。ですが、年齢とともに、心の奥底に横たわる不安のほとんどは、一番のモチベーション源ではなくなっていきます。自分を表現する機会を与えられれば、暗い社員たちは自然にいなくなり、空いたスペースには別のものが入ってくるからです。

逆にもし、あなたが30歳になっても、あるいは70歳になっても、20歳のときと同じ不安をモチベーションにしているなら、それは何かが間違っている証拠です。私はそういうスキーヤーを何人も見てきました。50歳になっても、何かを証明することを生き甲斐にしている人たち。ベテランになっても夢を追い、復帰して泥沼にはまる選手。

そうではなく、山を登っているイメージを持ってください。それがあなたの人生です。山を登り、自らが持つポテンシャルの頂にたどり着くこと。

それには、動き続けなければいけません。**動き続けるコツは、違和感をきっかけにすること。**最悪な気分を味わい、不満を感じたら、あるいは「これが本当の自分なのか」と思ったら、それはどつぼにはまっている理由に興味を持つときが来たというサインです。自分にこう問いかけましょう。「自分のこれまでのモチベーションは何だったか、この泥沼の先にはどんな新しいモチベーションが待っているのだろうか」と。その疑問への答えが出れば、すぐにまた動けるようになります。

Episode

私が人生で一番命の危険を感じたのは、フランスのシャモニーで傾斜70度の氷の斜面に立ったときでした。エギーユ・デュ・ミディの北斜面を滑るには、ほとんど垂直の崖を登らなくてはなりません。私は友人たちと縦一列になり、薄い氷の上でスキー板を胸に抱え、スキー靴でバランスを取っていました。それだけでも厳しいのに、雪崩が起こるたびに息を止める作業が3時間も続いていました。ビルの7階くらいの高さから、雪崩が時速150キロ以上のスピードで私たちの背中をすべり落ちていきました。

それは単純な死の不安というより、まだ生きているのが不思議という感覚に近いものでした。

私にわかるのは、頭上の崖がとてつもなく急なおかげで、小さな岩の塊が雪崩のコースを少しそらし、まだ押し流されずに済んでいることだけでした。

やがてヘリコプターがあらわれ、近くでホバリングしました。ところが救助隊は、下の雪だまりから四つの死体を回収するのが仕事だと思っていたらしく、ウィンチを積んでいませんでした。だから町まで戻ってウィンチ一式を積みこみ、また山に戻って、そして靴紐のように細いワイヤーを50メートル下ろしました。それから1人ずつ、ハーネスを付けて吊り上げられました。私たちは母ネコの胸に不安げな顔で抱かれる子ネコみたいに顔を引きつらせ、それから下の氷河に無事に下ろされました。

それは本当に恐ろしい1日で、その体験をこうして短くまとめるのはほとんど失礼なことのように感じます。その体験は私たちの人生に大きな影響を与えましたが、もっと問題だったのはそのあとに起こったことでした。

それから24時間後、私はシャモニーのまた別の死の斜面に立ち、今度こそ「馬の背に乗ってやろう」としてまたしても死にかけたのです。私は転び、高さ1000メートルの氷の壁と崖をスピードを上げてすべり落ちながら、1秒かからずに体勢を立て直して再び立ち上がりました。それではっきりわかったのです。不安が私に叫びかけていると。「こんなばかなことはやめなさい。いますぐ教訓を得なさい。でないと手足を失うか、死ぬことになりますよ、このおばかさん。聞いていますか?」

これが最後のチャンスに思えました。耳を貸さないわけにはいきませんでした。

本当の人生を求めて、不安の海に飛び込もう

不安の多くは、他者が関わって生まれるものです。もしあなたが誰かから不安を押しつけられたら、いやなものではなくありがたいものだと思えるでしょうか。

木の切り株を思い浮かべてください。切られた木は、必ず前よりも太く大きく伸びていきます。それを目指しましょう。打ち倒されて一時的に小さくなり、痛みを感じることは、そのあとの成長と進化の布石です。

不安を活用するのはリスクのある行為です。失敗し、屈辱を味わうこともあるでしょう。ですが、不安があれば、次に成長があります。その次にさらなる不安が来て、そのあとさらなる成長がある。そうやって一番怖いハードルを乗り越えられる人が、社会の偉大な精神的リーダーになるのです。

チャンスの回数を増やすには、ほかの人からひどい扱いを受けるのを待っているだけではいけません。**不安を感じやすい環境を探しましょう。自分から行動し、タフな状況に身を置きましょう。**自分の才能を伸ばしたいと思ったときはすぐやりましょう。忘れないでください。痛みやトラウマ、ドラマを味わうことがなくても、可能性の頂にたどり着くことはできます。それにはただ、成長する準備ができたらいつでも行動し、何か怖いことをやるだけでいいのです。

「幸せと生きている実感とどちらかを選べと言われたら、どちらがほしいか」を訊いたら、ほとんどが「生きている実感」と答えたというエピソードを覚えているでしょうか。

多くの人が、生きている実感は不安がなくなったときに得られると言います。私からすればそれは逆です。生きている実感はとても痛烈な不安とともに感じるものです。

不安は、冒険するための何より大切な要素です。不安がなかったら、それは冒険と言えません。史上最高の登山家のひとりと言われるラインホルト・メスナーは、「死の可能性がなかったら、冒険は不可能だ」とまで言っています。

こう自問してください。自分の人生で一番大切な瞬間はいつだったか。おそらくそれは、不安を味わった瞬間だったはずです。この世に生まれ落ちたとき、悲しみと絶望に沈みながら、ひとりで夜を過ごしたとき。不安とともに感じる不快感は、爽快さよりもはるかに強い好奇心を呼び覚まします。

とはいえ、そんなことが毎日起こるわけではありません。だから、自分なりの方法を考える必要があります。たとえば、いままで言わなかったようなことを言ってみるだけでもいい。

ポイントは、何かの形で体験に不安を一滴垂らしてやることです。

不安は自分への最大のご褒美なのです。


人は、感じるためにこの世にいます。いい気持ちを味わうことでも、悪い気持ちを味わうことでもなく、ただ感じる。それだけ。

私のもとには、スキーのときの不安を抑える方法を教えてほしいと言う人が次から次へと訪れます。そうした人は、不安を抑えればスキー体験がもっといいものになると信じています。私は笑ってこう言います。「どうしてそんなことしたがるんですか?」と。みんなが何千ドルも払ってスキーをしたがる一番の理由は、不安を感じたいからです。それが見返りだからです。山登りに人生の意義を見出す人がいるのは、山が危険だからです。

不安がなかったら、愛すらもつまらないものになるでしょう。恋につきもののはかなさがなくなるからです。不安がなかったらあらゆる産業が滅び、体験からは魅力が失われるでしょう。不安が失われたらすべてが意味を失います。

不安のある人生は生々しく、本物で、そして美しいものです。

人はみんないつか死にます。だったら、本当の人生を生きないなんてもったいないと思いませんか?

さあ、いろいろなチャンスに心を開き、感じることの意味を感じて、100パーセントいまを生き、100パーセントの人間になりましょう。

自分以外の誰かの不安を感じる

最近、アメリカ人の25人に1人はソシオパス（社会性に問題のある人）だと訴える本が出ました。ソシオパスは感情にまったく興味を持っていません。あるいは、単純に感じることができません。共感する能力もありません。

その三つが関連しているのがわかりますか? そう、何かを自分で感じることができなかったら、ほかの人がどう感じているかを想像できないのは当然です。

逆に自分で感じられれば、ほかの人のために感じることもできます。

自分の中の不安を察知できれば、他者の中の不安も察知でき、共感や理解が深まります。

自分の中の不安への思いやりが深まれば、ほかの人の不安への思いやりも深まり、相手を気遣ったり、ほめたりできるようになります。

自分の中の不快感を尊重すれば、ほかの人の不快感も尊重でき、もっと心の広い、思慮深い人間になれます。

不安を感じる練習をすれば、自分やほかの人の嫉妬心への思いやりも深まります。自分やほかの人の罪悪感に優しくできるようになります。

だからこそ、**不安を感じる練習は優しさにつながります。**作家のオルダス・ハクスリーは、人生で一番大切なことは何かと死の床で訊かれ、「お互いに少しだけ優しくなること」だと答えました。自分の中の不安に気づき、感じる能力は、他者への優しさにつながるのです。それは一番大切なことだと思いませんか?

Column

ひとりだけの問題ではない

いまは、本当にエキサイティングな時代だと思います。

人間はお互いに深く影響し合って生きています。自分の気持ちがまわりに伝染していることは誰にも否定できません。

というより、もっとよく見てみると、人は誰しも世界全体に影響を与えていることがわかります。ある国が破綻すれば誰もが困ったことになるし、ある国の温室効果ガス排出は地球全体に影響します。ごく現実的な話として、人間ひとりひとりの問題はグローバルな問題につながっています。

ということは、あなたひとりが不安を感じる練習をすれば、それは世界に大きなインパクトを与えるわけです。あなたの二重らせんが広がり、高く伸びていけば、生命のらせんも同じように伸びていく。あなたが不安と和平を結べば、世界がまるで違って見えてくるだけではなく、世界をまったく違う場所に変える重要な役割を果たすことができます。

そして想像してください。あなただけでなく、みんながこの練習をしたらどうなるか。みんなが不安や自分と平和に暮らせたらどうなるか。それは何を意味するでしょうか？

想像してください。世界のリーダーが不安ともっと誠実な関係を築くようにしたら、影響はどれほどになるか。

人類みんなの不安の影響を想像しましょう。

人類みんなの怒りの影響を想像しましょう。

そしてみんなの喜びや平和、勇気、思いやりの影響を想像しましょう。

戦争の影響を想像しましょう。

そうすれば……世界は大きく変わるはずです。

みんなで進化することを一番の目的にすれば、あなたという一人の人間が、すべてを変えていくこともできるはずです。

だからこそ、あなたが本当の、ほかの誰でもないあなたになることは、人類全体に大きく関わってくるのです。

不安は人を創造的にする

不安は、自分を表現する場が与えられるのをただ待っています。言い換えれば、不安は出番を待つ創造性です。

最高のアートが衝突と不快感から生まれることが多いのは、多くの人の認めるところです。短調の音楽は胸を打つし、苦悶を表現した絵は見る人の足を止めさせます。それは、人間という生物の本質、私たちという存在の核を捉えているからです。**自己と他者という区別や、誰もがいずれは死ぬという現実の中で、ただ生きるだけでなく、生き生きと過ごさなくてはならない恐ろしい生き物。それが人間の本質です。**

クリエイティブさの意味を説明することはできません。創造性は、思考で処理するものではないからです。それでも、創造性を感じることはできます。簡単です。

まずは何かを感じます。いきなり行動してはいけません。やるのは感じたあとです。「いま何を感じるか？」という、新しい定番の質問から始めましょう。そして気づくことができたら今度は行動に移り、自分の好きな方法で気持ちを表現しましょう。そうやっていれば、身体を流れる感情のエネルギーが、クリエイティブなパワーの源になっていくでしょう。

一方で、自分の気持ちがわからなかったら創造性は涸れ果てます。

感情のエネルギーに畏敬の念を抱いてはじめて、感情が吹き出し、手足の動きや心臓の鼓動、言葉として表現されながら流れていきます。そうやって、不安の世話人のように、不安が起こしたいことを起こし、表現したいことを表現できるようにしましょう。

不安を自分のミューズにすると、やがてそれは、人生という絵を彩る色彩の一つになります。いつでもその色を使ってください。散歩するときも、歌を歌うときも、自撮りをするときも。

そのうちに仕事がいままでよりはかどるようになり、趣味の腕が上がり、いままでにない斬新な考え方ができるようになって、自分がいいほうに変わったことに気づくでしょう。

Episode

不安を感じる練習を始めてから、私は新しい自分を心から好きになれました。はじめて、最高の男性と健全で愛おしい関係を築けるようになりました。命を危険にさらさなくても、クリエイティブに不安を体験し続けられるようになりました。

それと同時に、相談に来る人も増え始めました。スポーツ選手だけではなく、普通の人も来るようになりました。離婚しようか迷っている男性。自分に自信が持てない女性。うつに悩む子ども。

そうした人たちをひとりずつ、いままでよりも健全な不安との関係を築けるよう導いていきます。一個ずつ、数時間で問題は消えていきます。自分が結婚の犠牲になったと感じていた女性は、自分の影を敬意をもって引き受け、関係を改善しました。不眠の男性は、一回のセッションで不眠が治りました。

そして当の私はというと、またスキーが好きになりだしました。ときどきスキーに行って、山の上でかわいい男の子を見つけたら、「ねえ、一緒に滑りましょうよ」と無邪気に声をかけ、それからばかばかしいほど急な斜面へ連れて行って、昔みたいにギリギリのラインを攻めたりもしています。

不安はいまも私にモチベーションをくれます。だけどいまの私にあるのは、能力があるのにメッセージを伝えないことへの不安です。その思いが私を突き動かしています。その不安が、私の新しい生きる理由です。

第11章
怒りを自信に変える

自信はリスクから生まれる

私はこの本で、未知の環境に身を置こうと言ってきました。馴染みがない環境ほどいいでしょう。なぜって、不安は未知のものに対する自然な反応だからです。失敗したらどうしようという感覚に襲われるのはすばらしいこと。大きな挑戦があるのは、その人が正しい道を歩み、不可能に思えた大きなことを成し遂げるチャンスが最高に高まっている証拠です。

人はみな、リスクを冒しながら成長していきます。

そして**自信は、リスクを冒す姿勢から生まれます**。

たとえば子どもにとっては、幼稚園へ通うことはリスクです。ですが、うまく通い果せることができれば、それは小学校へ進む自信につながります。小学校は中学の、中学は高校の、高校は大学の、大学は仕事の、それぞれ自信につながります。

自分に自信がないように思えているとしても、それは勘違いです。バスに乗って仕事や学校へ行き、友だちと会うのは、どれもリスクのあることです。それらを体験するには勇気、つまり（不安を感じるような）怖いことをする意思が必要で、そしてその勇気は自信と深くつながっているのです。

人はみな、試練に惹かれます。生存が脅かされることを愛しています。人間は、生きている実感が高まる体験を自ら味わい、あるいは目にしたいと思っています。その理由はただ一つ、自信を生むからです。

もっと自信をつけたい？　それなら、不安をともなうことをしましょう。誤解されがちですが、絶対うまくいくという自信は必要ありません。**必要なのは、慣れないことをやる意思だけ**。自信はあとからついてきます。

失敗することもあるでしょう。面接で自分を否定されることもあるでしょう。何度も何度も否定されるかもしれません。そうしたらどうすべきか。リスキーな求職はやめて不安を避けるべきでしょうか。違います。そんなことで自信が吸い取られるようなら、まだ不安の練習がきちんとできていない証拠です。

不安を信じてください。拒絶を信じてください。そうすれば、あなたは自信を手に入れることができます。

怒りを力に変える練習

不安を味方につけると、その影響下にある暗い〝声〟たちの働き方も変わってきます。不安との関係がほんの少し改善するだけで、それに合わせてほかの暗い〝声〟も変わり、再編されていきます。

そして、不安とやったような練習をいろいろな〝声〟でやっていると、さらなる変化が生まれます。暗い〝声〟を贈り物だと思うのは、最初は確かに簡単ではありません。傲慢さや不満、復讐心は、とても贈り物には思えません。ですが、〈シフト〉を通じてそうした〝声〟をじっくり知っていけば、彼らを見て、尊重する方法がわかってきます。本当は厄介な社員などではなく、会社を助けるためにそこにいるということが、わかってきます。

怒りは暗い〝声〟の代表格です。会社の中で誰より嫌われている社員です。不安を感じる練習をすれば怒りは鎮まりますが、**そこから一歩進んで「怒る練習」をすれば、不安のときと同じようにすべてが変わっていきます。**

人間の中には常に怒りがあります。怒りは大切なエネルギーです。怒りがなかったら、人は弱々しくて哀れな泣き虫になります。怒りがあるから、人は自分の力に目覚め、強く、はっきりとした、間違いを正す意思を持った人間になれます。

怒っているとき、人は落ち込みません。眠くなりも、退屈もしません。怒りはフラストレーションと同じで、眠っていたエネルギーを目覚めさせます。

しかも、怒りには中毒性があります。怒りがそばにあるだけで、エキサイティングな感じがします。むなしさと怒りを同時に感じることはありません。だから怒りで身体をいっぱいにするときは、注意していないと自分が正しいと思い込み、なんでも疑ってかかり、まわりを自分に従わせたくなります。

人間には、怒りを表現する機会が必要です。怒りは解放のときを待つアドレナリンです。解放してやらないと暴れ回ります。怒りが猛烈な形であらわれることが多いのはそのせいです。練習をしていないと、不安や怒りはあっという間に手の中から飛び出して、未熟で、危険で、抑えの利かない形で暴れ回り、立ち塞がるものすべてを破壊します。

物に当たってはじめてゆっくり考えられる。あるいは高速を走っていて、前に割り込んできた車に怒鳴ったら気分がスッとする。こういう品のない怒りは毒のある怒りで、怒りと不安が押さえつけられているはっきりした証拠です。

不安と怒りの練習を積むと、これが変わってきます。本人が変わり、怒りも変わります。聖なるものに変わります。

この「聖なる怒り」とはなんでしょうか。

禅僧も、スポーツ選手も、ガンジーも、みんな怒ります。だからといって、彼らは見知らぬ人を殴ったり、車の窓を叩いたりはしません。**彼らは怒りを競争心や自信、激しさ、生き甲斐、創造性へと転換します。**自分で引き受け、尊重された怒りがあらわれるとき、それは「聖なる怒り」です。

怒りを引き受けてやれば、責める対象がいなくなります。誰かが怒りの原因ということがなくなります。怒りについて話すときも、口から出るのは「お前が怒らせたんだ」ではなくて「怒りを感じる」になります。そこにあるのはドラマではなく尊厳です。「自分はこのエネルギーを引き受ける。これは自分のもので、自分の中から出たものだ。自分は怒りの犠牲者ではない。怒りを力に変える人間だ」。こうして人は怒りの主人になります。

主人として怒りを活用することで、ボクサーは試合を私闘にすることなく、勝負に勝てるようになります。それどころか、個人的なものではなくなるので、怒りを感じる理由すらなくなります。怒りはただ炎や情熱となって身体を流れ、頭の中でぐるぐる回るストーリーはなくなります。

怒りの対象が自分自身だけになったら、怒りを尊重できている証拠です。「こんなひどい関係を生む決断をした自分が腹立たしい」。そう口にして、自分の人生や、自分の感情に100パーセントの責任を持てるようになります。

決断も早くなります。怒るかわりにいったん立ち止まり、自分がいままでいかに勝手な思い込みに囚われていたかに気づきます。自分の行動を正当化するために繰り返されるストーリーはありません。そこにはただ、間違いを正そうとするエネルギーだけがあります。

そこには苦悩も、非難もありません。

不安と怒りは、負債などではありません。**正しい見方をして、正しい場所に置いてやれ**

ば、不安と怒りは財産となり、人の価値を倍に高め、成長させてくれます。

だからどうか、不安にできるだけ光を当て、それから明かりを消すようにしてください。一緒にいる時間が長いほど、見ているのが楽しくなってきます。そして、見るべきものはたくさんあります。どんどん増えていきます。私たちがこれから向かうのは信じられない場所です。あなたは、不安の見方、不安との付き合い方を見直すという基礎を習得しました。ここからこの新しい目覚めの波に乗って、最後まで行くことにしましょう。

第12章
最高の人生を手に入れるには

自転車に乗れるようになるのはそう難しくはありませんが、その道を最後まで突き詰めて、ツール・ド・フランスで優勝するのは簡単なことではありません。上り坂や下り坂、平地、勝利、転倒のある長い道のりが待っています。

この章のテーマは、その道のりを「最後まで行く」こと。**自分のポテンシャルを最大限に発揮する方法と、その中で不安が果たす役割を考えていきます。**

一流スポーツ選手を例に使うのは、彼らが最後まで行った、つまりその道を突き詰めた人間だからです。彼らは「金メダルを取る」といったクレイジーなことを口にし、その中で失敗や拒絶、怪我、屈辱を味わう不安を感じながら、実際に金メダルをつかみます。みんなこう思います。「この人たちは苦労というものを知らないんだろうか？　自分たちの知らない、どんな魔法を使っているんだろう？」

この章では、その魔法を教えます。私が旅を始める前に知っておきたかったこと、知っていればあらゆる分野で活躍して、しかもあんな結末は招かずに済んだと思うことも教えます。

もうずっと前から、私たち人類は偉大なアスリートになるためのカギを議論してきました。まずは意志力と覚悟が重要だと言われました。しかし、その二つは大きなリソースではありましたが限界がありました。次にゾーンが注目されました。みんながゾーンという捉えどころのないものをつかもうとし、20キロ走ったところで突如として時間が止まり、風やレースコース、呼吸になる方法を知りたいと思いました。

そしていま、誰もが口にするのが「フロー」です。フローと言っただけで、スポーツ界の人はみんなうんうんとうなずきます。スポーツだけでなく、人生のあらゆる場面にフローを求めるようになっています。

ですが、フローとはなんでしょうか。選手はそれを感じると言いますが、口で説明することはできません。コーチも説明できません。けれど、私たちは理解しないといけません。なぜって、私たちはその波に乗って「最後まで行く」からです。

あなたの人生に意義と目的を与える「フロー」

〝声〟の話を思い出してください。あなたという会社を構成する1万の〝声〟は、あなた自身を水のように流れます。自分の感情とつながり、1万の〝声〟が流れるとき、人はフロー状態になります。

エゴや怒り、不安といった〝声〟が欠けていたり、避けていたりするようでは、フローではありません。喜びや感謝、許しといった〝声〟に頼ったり、彼らに無理強いをしたりするのも違います。**フローは、いいものも悪いものも、精神的なものもそうでないものも含めたあらゆる〝声〟を水のように人生に注入し、通し、出してやることです。**人は毎瞬、絶え間なく変化しているということを意識しながら、シンプルにあらゆる〝声〟が入り込むスペースを作り、〝声〟を人生に取り込み、流し、自然に出していきましょう。嫉妬心や無価値感、罪悪感、抵抗、苦諦、無関心、非難といったすべてを、です。

そうすると、フローと呼ばれる流れが生まれます。

フローは受動的な体験ではなく、積極的でダイナミックなものです。フローは一つの〝声〟や、それがたどり着く場所ではありません。質問の連続によって生まれる、動きのあるダンスです。その質問とは、「自分は何を感じているか。次はどうか」。

そして真実を見て、感じて、真実になり、真実を表現することです。**フロー状態に入るとは、質問し続け、答えへの関心を保ち続けて、ある状態から次の状態へと常に移り続けることです。**

いま自分は不安を感じていて、不愉快だ。いま自分は思考になっていて、二元論的な判断を使って現実を理解しようとしている。いま自分は固くエゴの流れになって、現実に異議を唱えている。そうやって、1日に最大で1万の〝声〟になります。だからこそ、自分や他人を「賢い」とか「無礼」とか言って分類するのは見当外れです。だってそれはその瞬間の状態にすぎず、次の瞬間にはまったく別の人に変わっているかもしれないのだから。

「自分は物事を決めつけるタイプではない」とか、「怖くなんかない」と言って〝声〟を否定すると、流れは滞り、押さえつけられた感情は暗い〝声〟になります。一方でフローになると、

〝声〟はどれもほんの数秒で入り、通って、出ていきます。とどまることはまったくありません。フローはすべての〝声〟を取り込み、どれかに制限されることもありません。

この本を読んでいるあなた自身のなかには、同意や理解、真実、希望、知見といった〝声〟があらわれているでしょう。あるいは混乱や疑念、懐疑、不信、不満を目にしている人もいるかもしれません。

そうして、いまあなたのなかを流れているものを意識し続けてください。絶えず変わり続ける人間のあり方です。毎瞬毎瞬自分が誰で、どういう存在かを把握し続けてください。それが、するとを驚くべきことが起こります。**好奇心が人生に意義と目的を与えるのです**。歌手が歌うことに意義と目的を見出すように、日々の生活に意義と目的が見つかります。

そして「自分は何者か」という、絶えず繰り返される疑問に答えが出ます。フロー状態に入れば、答えは常にそこにあります。自分が何者かという問いに対する答えとは、その瞬間に流れる〝声〟を自分なりに表現することです。すべては絶えず変化しています。同じ状態は一つとしてありません。

いま、自分は恐れている。いま、自分は悲しい。

その意識が、現実をはっきり捉えさせてくれます。自分のいまの気持ちへの目覚めは、現実とバッティングしません。なぜなら、それこそが現実だからです。完全な真実だと信頼できるからです。

いかにも素敵な話に聞こえますが、フローとは恍惚感や喜びがすべてではありません。「この道を行けば心の平穏が手に入る」というのは不誠実なアドバイスです。心の平穏を求めて練習してもフロー状態には入れないし、フローは近づくどころか遠ざかってしまいます。良さげな場所に行きたいからって、川の流れを曲げてはいけません。それは自然ではありません。

心が穏やかならそれはそれで最高だし、穏やかでいればいい。けれど心がざわつくときもそれはそれで最高なのだから、ざわついたままでいてください。ざわつきの中に平穏を見出してください。気分が悪いときは、ただ気分が悪くなる。気分の悪さを尊重する。

不安の語りはいつか終わります。見て、理解してやれば、言うことがなくなるからです。心の平穏も終わります。一つの〝声〟にしがみついたり、まだそのタイミングではないのに押し出したりするのはやめましょう。ただ自然にいなくなり、次の何かが入ってくるのを待ちましょう。

フローが生まれると、常に新しいものが入ってくるスペースがあなたの中に生まれます。

大切なのはそこです。そうやって新しいものが入る余地を作ると、使えるようになったその新しいスペースに、思考と思考の間隙に、瞬間と瞬間のあいだの空白に、自分の狭い見方や自我よりも大きな知性、すなわち精神的知性が入ってきます。

人は何度でも無意識に囚われてしまう

不安への見方を少し転換するだけで、フロー状態に入り、優れた感情的知性を育むことができる。

フローを使えば、頭脳だけでなく、身体の知恵も活用し、身体的知性を育むことができる。

実はこの旅は、ここで終わりではありません。

フローは、人を自分自身の内なる世界へ連れて行きます。ですが、あらゆるものはまたたく間に変わっていきます。誤った思い込みや判断、自分が誰だかわからないという感覚、行き詰まりは必ず戻ってきます。

もし、自分で「悟りを開いた」などと言う人に出会ったら、全速力でそこから逃げ出したほうがいいでしょう。なぜなら、**精神的知性をかいま見る、つまり不安を歓迎して精神的知性を追い求め、見つけ、自分を豊かにすることはできても、一つの場所に永遠にとどまるのは不可能だからです。**何かを達成したら、必ずエゴがどういうわけかあらわれ、私たちは元の場所へ戻っていきます。

人は必ず元いた場所へ、つまりエゴやかごの柵、判断、まやかし、思考、そして自己と他者の区別という根源的で本能的な欲求へ戻らざるをえません。

そしてもちろん、そこには不安があります。あなたは不安からスタートし、紆余曲折の末、不安のもとへと戻っていくのです。

言ってみれば、精神的知性というのは一種の罠です。**普遍的なものとのつながりは必ず失われます。**人は何度でも無意識に囚われます。戻ってきて切り離され、行き詰まり、不安の中で生きる羽目になります。それが人間の宿命です。それを認めないのは現実を見ていないのと同じなのです。

私はここまで、不安を感じる練習をしてかごを飛び出し、川になれば不安から解き放たれると訴え、その方法を解説してきました。そうして至る新しいステージはとても魅力的で、そこが「終点」ではないと理解するのは簡単なことではないはずです。

新しいステージとはつまり、「つながった自分や精神的知性、不安のない状態は、エゴを持った切り離された自分よりも優れているとわかった」という判断と思い込みの領域です。それこそが、あなたがはまる新しい溝であり、新しい思い込みです。**私たちはすぐ、新しい事実にしがみつきます。それは、不安を受け入れ、不安の流れに乗ることが一番だという事実です。**

その次に生まれるのは、自分が囚われているかごはほかの人が囚われているかごよりもいいという感覚です。きっとあなたは、不安を押さえつけ、フロー状態に入れず、精神的知性の段階に到達できず、頭脳的知性にしか興味のない人に対して優越感を抱くでしょう。そうやってまた勘違いし、何も知らず、本当はまた行き詰まり、新しいまやかしや思い込みの中で生きているのに、自由になったと考えるでしょう。そして、そのことにまわりはみんな気づいているのに、自分だけ気づかないでしょう。

あなたはきっと、戸惑うのではないでしょうか。最初は不安を頭から否定し、次に不安を全身で受けとめて、人間としての幅を広げようとずっと努力してきたのに、それでもまた暗い穴の中に戻り、新しい思い込みにしがみつき、まだ怖がっているなんて。

これは避けられない事態ですが、同時に次のステージに行くために必要なことでもあります。無駄なことは一つもありません。一つ一つのパートが次につながっていて、前のパートよりもどんどん上へと進んでいく。そうやって、どんどん狭くなるらせん階段を上へ上へ、ポテンシャルの頂に向かって昇っていきましょう。

地図を見て、フローに乗りましょう。泥沼にはまっているときも、気づかないだけで、フローは常にそこにあります。フローは、発見の旅で見つかった一番の財産です。また新しい不安の波に乗って、何が見つかるかを楽しみにしましょう。

問題や不快感は、立ち止まって目を覚ますチャンスです。いったん少し落ち着いて、自分が川の流れを変えようとしていることにもう一度気づきましょう。いつだって二元論的な判断や、影や、思い込みや、常識に戻っていく。それが人間というものです。まやかしも常に変化していて、そこから逃げることはできません。

そんなときは、新しい機会を最大限に活用して、またフローに跳び込みましょう。手綱を緩め、戻ってきた（というかずっとそこにいた）不安と1万の〝声〟のすべてに本来の仕事をさせましょう。今回はすぐ抜け出せるはずです。ただ人生の自然な流れに身を任せれば、あなたはまた自由に、どこでも好きな場所へ行けます。

それを続けましょう。不快感とまやかし、傲慢さを何度だって引き受けましょう。思考に好きなように走らせ、別の形の知性を探し、見つけ、味わわせましょう。1万の〝声〟に自分の楽器を演奏させましょう。

たどり着く場所なんてどこにもありません。ただ旅があるだけです。

あなたがなりうる最高の自分になる

実を言うと、精神的知性よりもさらに上の段階が、似ているけれどそれにとどまらないものがあります。

よく使われる「悟り」という言葉がまやかしであることを、私たちはみなよく知っています。誰もが常に不安と影を抱えながら生きなくてはなりません。それを吐き出そうという努力は実を結びません。そこに欠けているのは不安、エゴ、影、思考です。悟りはそうしたものの反対ではありません。**本当の悟りとは、すべてを取り込もうという絶え間ない努力です。**そこへ到達するには、何度も何度も元いた場所へ戻り、人を人たらしめているすべての〝声〟を見て、引き受けなくてはいけません。

私たちが追い求めているのは、確かにその場所へたどり着き、精神的な知性にアクセスすることです。ですが同時に、大切なものがもう一つあることも忘れてはいけません。それは、人間の最も基本的な一部である不安を引き受け、体現すること。そうしてはじめて、あなたは完全かつ自由に機能する人間になることができます。

これが、私たちの目指す究極の状態です。**あなたをあなたたらしめている人間的特徴と、自分という人間の真実の核となる、精神的知性の両方を含めたものです。これらすべてが組み合わさったものこそが、人がこの世で体験できる最も高次の状態です。**

人が生涯をかけてやるべきは、この100パーセントの人間になることです。もっと具体的に言うなら、1万の〝声〟のすべて、特に不安を全力で体験し、不安そのものになることです。それがその人の枠を広げ、一番大きな自分にしてくれます。

フローを活用すれば、社員は1万の知恵になります。不安だけでなく、その一つ一つが一冊の本になるほどの知恵を秘めています。〝声〟にはどれも重要な役割があり、それぞれに合った作法があります。そのすべてを一つ一つ引き受けるのは、きっと人生最高の力強い経験になるでしょう。

だから、あなたの胸にこう問いかけてください。「**自分は瞬間瞬間にあらわれるものを全力で受けとめ、取り込めているだろうか。人生の練習ができているだろうか**」と。

これが、あなたが到達できる最高の状態です。

自分自身と戦うのではなく、自分自身を受け入れること。そうすることで、あなたは荒っぽくて、不愉快で、不条理で、よくわからない、間違いだらけの、しかし雄大ですばらしい、「ただ自分になる」という仕事に取り組めるようになるのです。

Episode

私と不安との関係は、いまも複雑です。だけど少なくとも、ユーモアを交えながら付き合えるようにはなっていますし、楽しめてもいます。ほかの暗い〝声〟とも同じ状況です。前の彼氏と別れたあとに感じた絶望は、1年近くそこに居残り、私の人生でも一、二を争うほどの夢のような体験になりました。

まだ不安とのあいだに大きな問題を抱えているかって？　イエス。憎んだり、押さえつけたりもまだしています。それも優しくではなく、めいっぱい。そのことに気づくには1週間もかかりました。だからこそ、この本を書いたわけです。

いまも治療の必要なPTSDを抱えています。スキーからはほとんど離れたというのに、夢にはいつもスキーの場面が出てきます。クラッシュのあるスポーツの映像を見るのはNG。見たらその衝撃の激しさを自分の身体で感じます。

眠りも浅く、少し物音がしただけで「何？　どうしたの？」と言ってがばっと起きてしまうくらいです。旅行には耳栓とノイズキャンセリング機能の付いたヘッドフォンを持っていきますが、それでも足りません。夫と一晩同じベッドで過ごせたこともありません。いつも夫に抱きつきながら眠りに落ち、真夜中におしっこに起きて、怯えたネコみたいに震えながらトイレに向かいます。

不安に次ぐ不安が、いつも、どこにでもあります。そういうものです。

これが私の物語です。私の不安との関係です。

あなたには、あなたの不安との関係があります。

あなたが不安とするダンスは、あなたの人生の物語です。

おわりに――100年後の私たちのために

私たちはみな少なからず、不安を抱いた〈トカゲ脳〉の落とし子です。

ですが、人は変わっていきます。誰もが変わっていきます。

変化は避けられません。私たちはいま、人間らしさに深く関わる分野のすべてで革新が起こっているのを目の当たりにしています。100年前の常識を笑い飛ばしています。そして100年後には、いまの普通を人々が笑い飛ばすでしょう。では、1000年後はどうでしょうか。1万年後はどうでしょうか。

100年前と、10年前と、いや、1年前と同じことをやっていたら、それは基本的には間違いです。だけど、それは驚くべき事実でもあります。**人は、過去を教訓にしながら今日の発見をし、いまより優れた希望にあふれる未来へと上がっていくことのできる生き物なのです。**

努力がすぐ実を結ぶとは限りません。人はいつだって道を外れます。私たちはお互いに寄り添って歩きながら、相手がどれだけまばゆい存在かが見えていません。不安を邪魔ものとしか見ていません。ですが、人は東京へ向かう飛行機のように、小さな軌道修正を繰り返しながら、やがては目的地にたどり着きます。不安について、いまは少しコースを外れているかもしれませんが、この本は軌道修正の機会になります。

いまあなたが不安の扱いを変え、軌道修正を行ったら、100年後の人類はまったく違う場所にたどり着けるでしょう。これまでだって、不安に対する人間の反応がこれだけ変わってきたのだから、今後どうなるかは誰にもわかりません。1000年後はまだ無理でも、1万年後、100万年後はどうなっているかわかりません。

私は本の冒頭で、不安やエゴ、思考を捨て去るのは無理だと言いました。でも、これは私の現段階での考え方にすぎないし、それに自分では確かだと思っていることでも、100パーセント絶対なんてありえません。100年後にたくさんの人がまったく違う場所にたどり着けているかもしれないし、そうなれていないかもしれない。この地球規模の実験は、まだ行われている最中なのです。

いまのところ、人類はまだその段階へ到達できていないようです。そして、人間の欠くべからざる一部を避け、押し込めていたら、いつまでたってもたどり着けないと思います。特に不安は、もっと尊敬し、配慮してあげるべきです。

だけどこうも言わせてほしい。もし最後まで行くことができたら、私たちはきっとなんでもできるはずだ、と。

不安を自信に変える授業

発行日　2018年　8月30日　第1刷

Author　クリステン・ウルマー
Translator　高崎拓哉（翻訳協力：吉川アルビン、株式会社トランネット）
Book Designer　杉山健太郎

Publication　株式会社ディスカヴァー・トゥエンティワン
〒102-0093　東京都千代田区平河町2-16-1 平河町森タワー 11F
TEL　03-3237-8321（代表）
FAX　03-3237-8323
http://www.d21.co.jp

Publisher　干場弓子
Editor　千葉正幸　松石悠

Marketing Group
Staff　小田孝文　井筒浩　千葉潤子　飯田智樹　佐藤昌幸　谷口奈緒美　古矢薫　蛯原昇
安永智洋　鍋田匠伴　榊原僚　佐竹祐哉　廣内悠理　梅本翔太　田中姫菜　橋本莉奈
川島理　庄司知世　谷中卓　小木曽礼丈　越野志絵良　佐々木玲奈　高橋雛乃

Productive Group
Staff　藤田浩芳　原典宏　林秀樹　三谷祐一　大山聡子　大竹朝子
堀部直人　林拓馬　塔下太朗　木下智尋　渡辺基志

E-Business Group
Staff　清水達也　松原史与志　中澤泰宏　西川なつか　伊東佑真
牧野類　倉田華　伊藤光太郎　高良彰子　佐藤淳基

Global & Public Relations Group
Staff　郭迪　田中亜紀　杉田彰子　奥田千晶　李瑋玲　連苑如

Operations & Accounting Group
Staff　山中麻吏　小関勝則　小田木もも　池田望　福永友紀

Assistant Staff
俵敬子　町田加奈子　丸山香織　小林里美　井澤徳子　藤井多穂子　藤井かおり　葛目美枝子　伊藤香
常徳すみ　鈴木洋子　石橋佐知子　伊藤由美　畑野衣見　井上竜之介　斎藤悠人　平井聡一郎　曽我部立樹

Proofreader　文字工房燦光
DTP　株式会社 RUHIA
Printing　中央精版印刷株式会社

ISBN978-4-7993-2347-2